沉默的佛陀

佛陀教義的真髓

Ryuho Okawa
大川隆法

台灣幸福科學出版有限公司

前言

「前來我正傳之法，今世再聆聽」（摘自《正法眼藏》中，〈自證三昧〉之卷）是道元禪師所言。

大意是「過去世曾經坐禪的這個自己，現在再次轉生，並且坐禪。如此，為了再次領悟佛陀之法，不是用耳朵聽，而是要以全身『聽』」（作者意譯）。

佛陀入滅二千五百年，其教義尚處於沉默之中，但揭開佛陀教義真髓的關鍵，就在修行論中。

沉默的佛陀之無聲之聲，就存於其中。

一九九三年　十一月

幸福科學集團創立者兼總裁　大川隆法

目錄 Contents

第二章 **四弘誓願**——53

第三章

何謂戒律 83

第四章 五停心觀 133

第五章 何謂智慧 167

第六章 解脫的意義——209

第七章 何謂魔

第一章

沉默的佛陀

一、佛教中的修行論

本書將以與佛教相關的修行論為中心，逐步展開論述。關於佛教的基本思考方式及其思想發展，已在《覺悟的挑戰上卷、下卷》（幸福科學出版發行）中論及，並且闡明了我的見解與解釋。在本章，我將針對佛教當中的修行論，闡述我的想法，並且論述流傳至今的佛教應該採取何種修行論。

佛陀入滅已二千五百年，經過如此漫長的歲月，一切都會隨之衰老、風化，這也是無可奈何之事。這不僅僅是針對宗教而言，諸如建築物、繪畫等等均是如此。即便是曾經繁榮一時的大街，今日也許已變成荒蕪的原野，昔日的高山峻嶺，或許已成為茫茫大海，而大海也許也已成了高山。

一切都將成為過去，在永恆的時間長河中，無一物能夠停留。在此意義上，佛教的教義及其修行的姿態，隨著時間的流逝，或許也不可避免地變成了遙遠的過去。

二、佛教的基本教義——三法印

1 諸行無常

佛教的基本教義，常用「三法印」這個詞來表現。首先第一個法印是「諸行無常」。

一切都在變異轉換之中。

萬物皆是在變化、轉變，要以如此心境看待一切現象。

這一切現象之中，不僅限於物質和肉體，
還包含發自於你內心來來去去的思緒，
一切都將逝去。
一切都如流水一般，
故不可執著。
無論何事，都不能想「是自己的」；
不可認為「這就是我」；
不可認為「那是歸我的」；
不能貪圖身外之物，
一切都將成為過去。
雙親會變成非雙親，孩子會變成非孩子，

即便是夫妻、朋友，也是如此，
一切都在變化轉變之中。
想要在這樣的變化裡，
真正地思考自己人生的意義，
若不從執著中解脫出來，
就無法認清自己的真相。
人都想在固定化、固形化、
安定化、不會變化的事物中，
尋求自己。
但如此嘗試，
反倒會迷失原本的自己。

不可如此，
當你認為「一切都在變化中，變化轉變才是真理」時，
就必須這麼想：
「若是這樣，
自己就要像是順流而下的舟筏，
度過人生。
既然無法阻止河水的流動，
那就要妥善地操縱船竿渡河」，
這就是人生的真實。

2 諸法無我

以上談到了第一個法印的「諸行無常」，接下來論述第二個法印——「諸法無我」，這個詞與「諸行無常」有著密切的關聯。如果說「諸行無常」的中心思想，是說一切事物都是在時間的長河中不斷轉變，那麼，第二個法印的「諸法無我」則是從空間的觀點出發，「一切都不是實在的，從本來的世界來看，一切均是夢幻的世界」。

各位認為是「真實的」這個世界所發生的事情，
恰如夢中所見的世界，
當你醒來之後，什麼也不是真的。

可是，在做夢的當中，
各位在夢中所見到的人，
有著實際相會的感覺吧！
建築物也很有真實感吧！
食物也有真實感吧！
對方的笑容和表情也很明顯吧！
握一握手，也有握到手的實際感受吧！
但在醒來之時，
會明白那一切不過是一場夢。
然而，那並非單純的夢，
現實才是夢，而夢才是現實，

這是最令人驚訝的悖論，是人生最大的悖論。
我們在這個世界中所認為的現實，
其實是夢境。

雖然自己生於這個世間，靈魂宿於肉體而生活著，
但從那名為實在界的世界來看，
這實際上意味著靈界的死。
靈界的靈魂死後，
正疑惑要往哪裡去的時候，
就像夢境一樣，
靈魂宿於這世間的肉體當中，

重複著生、老、病、死，
之後，又返回那個世界。
如此看來，在世間當中，
我們實際所看到的一切，均是暫時的存在，
這就是「諸法無我」，一切存在均無我。
總之，自性的事物是不存在的，萬物沒有自然生成的性質。
換言之，在這個世間，
不存在恆常、永恆的事物。
並且，這個「法」，
並非僅意味著「存在」，
從更為深遠的意義來說，

它能讓人感覺到大宇宙的神佛之經綸。

讓所有的物質、物體和存在都以無我的形式存在，
流動於其中的，到底是什麼？
你會發現神的意念存於其中，
神的意念讓所有的現象都僅是暫時出現的。
所謂無我，
即意味著萬物本來是不存在的，
但與此同時，因為某個意念而得以使其暫時存在，
進而提供了各位靈魂修行之地。
雖然本不存在，

卻能藉由偉大的力量而使其暫時存在，
並成為了靈魂修行之地，
這就是「諸法無我」的教義。
因此，讓世間得以出現的力量當中，
不存在著「我」。
在一切得以生息、孕育的大和諧世界中，
背後存在著從不停滯、從不停歇，
偉大的、看不見的力量在運作著。
那本源的力量，亦是無我的力量。
在無我的力量之上，漂浮著無我的諸存在，
這就是大宇宙的實相。

3 涅槃寂靜

而做為佛教中心教義的第三個法印，即是「涅槃寂靜」。

在早期的佛教教團中，涅槃境地是極為令人憧憬和探求的境地。據說當時所有的修行者，都是以能夠達到涅槃的境地為修行的目的。

最早品味並作為自己的東西而享受到涅槃境地之人，正是釋迦牟尼佛。他為了將那眼所不見、言語難以表達的涅槃境地教授給人們，進而講述了眾多修行論。

那麼，涅槃的境地究竟是何種境地呢？

「諸行無常」是以時間為軸心，看待無限轉變中的各種存在的姿態。而在「諸法無我」中，可以感到與一切皆空之思想相聯結的空間場所的存在。這兩者是覺悟到時間和空間中的一切，均無任何固定、永恆不變之物。然而，此時存在於此處，進行修行的自己，究竟又是何種存在呢？對此意義進行探索，即是「涅槃寂靜」的悟境。

從時間的觀點來觀看一切時，
一切事物都將流逝。
而從空間的觀點來觀看時，
一切事物原本無我。
無一物有著自體形成的性質。
亦無一物能憑藉自身之力，
永恆的存續。

現有的萬物，
均無法僅憑自己即能成立。
皆是因為某種力量而被創造，
並且也必定逐漸滅亡，
這就是世間的存在。
時間無常，
而空間則是空。
存於如此思想中的「我」到底為何呢？
的確有著「我思故我在」的思想，
然而，
在如此時間和空間的觀點上，

在這虛幻無一物，
如此縱橫交錯一樣的交叉點，
立於這十字架上的我，到底為何呢？
對此必須進行深思。

如此看來，
本來的自己，
寄宿於這個肉體中，
擁有特定的姓名和雙親的你，
並非是你自己。
無論時間和空間，

一切無法捉摸。
存在於當中的我，
就真的是可以掌握住嗎？
答案是否定的。
這個「我」，
實際上是在神佛的永恆的時間和空間中，暫時的存在，
是能夠從其掌中看見遙遠未來的存在。
若以河流作比方，
「我」不過就是河流中漂流的泡沫。
自己就是那不知何時於河流中誕生，
且必定會消失的泡沫。

那個似泡沫一樣的自己，
現正思索著「自己到底是什麼？」
思索、思索，再思索，
便能漸漸地掌握到永恆的實相，
屆時即能進入涅槃寂靜的境地。
換言之，
要透過自己，
看透神佛本來的姿態、意圖，
看透那光明的存在。
為此，
必須保持無限地謙虛。

三、釋迦所講的無我思想

降生於世間，寄宿於肉體，

透過眼、耳、鼻、舌、身、意

這六個感覺，就會產生自我意識，

如此自我意識，會迷失本來的自己。

儘管透過眼的意識、耳的意識、鼻的意識、舌的意識、

身體的意識或大腦運作，

能觀察到自己，

但這個自己並非真正的自己。
當只能透過來自這肉體感覺的臨時自我形象，
來掌握自己時，
將永遠不可能掌握到真正的自己。
唯有否定這個自己，
才能顯現出真正的自己。

以上就是釋迦所說的無我思想。
應否定透過眼、耳、鼻、舌、身、意所認識的自我形象，那只是肉體感覺讓你誤認為那就是你自己。然而，真正的自己絕非如此，真正的你並非如此。
你所認為的你，其實只不過是個皮囊，你把皮囊認為就是你自己。

活於那永不枯竭、永久、悠久的大河般的神佛能量中的，才是你自己。用羊皮囊在這個悠久的大河中汲水，而你以為自己就是這個裝著水的東西。你認為這個皮囊中所裝的水就是自己，但是那並非是真正的你，那只不過是皮囊的感覺。

應否定眼、耳、鼻、舌、身、意，來探究真實的自己。首先，各位要再次深入思索，透過這個眼睛的感覺所看見的，是否是真實的樣子？

比如說，夏天的飛蛾總是會朝向光亮的地方飛。飛蛾分不清那是否是發熱的燈光，還是會燒焦自身的火焰，只會一味地向光亮處飛撲。

或許各位會認為那是微小生物，所以才會如此。但各位要知道，人類亦是如此，各位其實是有著如飛蛾撲火一般愚癡的人生態度。

為什麼會變得如此呢？那皆起因於「無明」，自己是身處於沒有燈火的狀態，所以見燈就撲，然而往往那不是燈，而是會燒身的蠟燭火焰。

飛蛾有著眼睛的錯覺，而人也一樣。人有透過眼睛的錯覺、透過鼻子的錯覺、透過耳朵的錯覺，或者是透過舌頭的錯覺、透過手指或手掌等肉體的錯覺，這樣的錯覺確實是存在的，藉此，人能感覺到善惡美醜。然而，各位必須要知道，這些感覺，與真正從靈魂的角度來看待的善惡美醜，其價值是不同的。

即便是持有著肉體在世間生活，但其中包含著許多靈性的意義，能夠看破其真相才是真正的智慧。然而若是以附屬於世俗價值觀的肉體感覺，來看待自己或他人，進而發狂的話，那麼會像飛蛾撲火一樣自取滅亡。對此，我曾一而再、再而三地反覆強調。

四、發現真正的自己

要想探尋到真正的自己，首先，就必須否定自己，否定這個「假我」。假我是指什麼呢？那個認為「人生僅限於此世」的自己，就是假我。

比如，許多禪宗的僧侶對「禪」有錯誤的認識，認為「人的生命侷限於此世」。也有人認為「禪即是無神論、無靈魂論」，結果只顧盤腿打坐，甚至有人認為鼓足氣力去生活即是釋迦的教義、佛教的全部。

這些即是「假我」，它與「真我」相差甚遠，完全背離了佛陀的精神。那裡明明存在著無限擴展的世界，自己卻將自己逐漸禁錮於小小的範圍內。作繭自縛，把自己封閉於蛋殼當中，自閉於其中，對其它一切毫無所知，那即是無明的世界。

因此，有人埋頭於追求無我的坐禪，其結果卻與非常要不得的地方相通。所得到的不是無我，而是無佛教、無宗教、無神論、無靈魂、無覺悟等等，一切皆無的、單純「虛無主義」的否定一切。之後，會展開怎樣的人生呢？可想而知，這樣的人生還不如沒有的好。

我所說的教義並非如此。人從實在界轉生於世間，在這個世界會產生各式各樣的錯覺，也會出現相反的思想，透過眼、耳、鼻、舌、身、意會看到完全不同的世界。然而，這個世界之所以存在，是有著某種意義的。若問這個意義是什麼？答案就是「若不體驗非靈性的生活，就無法真正地理解靈性的生活是什麼」。透過將靈魂置於世間，置於這相對的世界，使其經歷靈性和非靈性這兩方面的體驗，以瞭解什麼是真正的靈魂自由。

因此，若要知道什麼是靈，就只有寄宿於肉體。寄宿於被稱為肉體的「布偶」之中，透過眼、耳、鼻、舌、身、意的小孔，去看世界或呼吸，唯有處於如此生活之中，才會對自由的真意有所理解。

深海中的海蟹，是在其甲殼承受著數噸重的水壓下生活，而世間之人其實也在過著類似的生活。只有在水壓消失時，才能意識到本來的自己。

五、涅槃寂靜的覺悟

那麼，「涅槃寂靜」到底指什麼呢？

在看透這束縛重重的物質世界，以及充滿迷惑的自我認識和他人評價的同時，在其中尋找超脫這一切的「自己」。在世間生活中，體驗作為實相世界居民的自己，覺醒於自己是實相世界的居民，以實相世界居民的眼、耳、鼻、口、身和思考方式，在現實世界中度過人生，這即稱為「覺悟」。於是，如此之人就被稱為已經覺悟的「覺者」，這也是「佛陀」一詞的別名。這樣的人在現實中是可能出現的，將如此的覺悟之道教導給眾人的即是佛教。

假若離開了這個地上界，不存在著眼所不見的世界，不存在靈性世界、實在世界，並且人的存在亦並非是靈性存在的話，那麼，這樣的覺悟也就不成立了。那就僅是變成單純的唯物論，和那「人死後燒成灰什麼都結束了」的思想完全沒兩樣了。

所以「涅槃寂靜」的想法，稍不留意的話，就容易陷入單純的虛無主義之中。然而真相並非如此，各位現在必須要知悉永恆的實相，以那覺悟的力量，度過在現象界的人生，並在生活於世間的同時，進入覺悟的世界。這就是進入了涅槃。

當然，覺悟之人最終要藉由脫離這個肉體，進入完全的涅槃。但是，在寄宿於肉體的同時進入覺悟的世界，才最是尊貴，這將為靈魂帶來最大的進化。

所以，那些「覺悟之後什麼都沒有」或「死後靈魂不存在」等思想，是完全錯誤的，切勿被如此思想所禁錮。

儘管禪修之人是在追求無我，但不可忘記，即使是曾提倡過「只管打坐」的道元禪師，也明確地承認前世、現世和來世之三世，這稱為「三時業」。關於這三個時間的「業」，道元曾明確地講到：「人是活於過去、現在、未來這三個世界的存在，如此期間的因果理法是無法迴避的，這就是佛法的中心思想。」「禪定」應該是瞭解如此道理之上的禪定；「只管打坐」也是瞭解如此道理之上的「只管打坐」（十二卷本《正法眼藏》〈三時業〉之卷中，即寫到「欲修習佛祖之道，從最初階段就須明白這三時的業報之理」）。

那麼，為什麼要打坐呢？坐禪究竟會得到些什麼呢？在川流不息的過去、現在、未來的時間中，在諸法無我中，藉由凝視突然出現於現今的自己，突破這時間和空間的障壁，覺醒於本來的自己，覺醒於與大宇宙、佛心同為一體的自己，尋求如此覺悟即是禪定。倘若那般世界根本不存在的話，那麼坐禪也只不過是一種腿部訓練而已。

除此之外，如同有些坐禪者只是漫無目的地坐著進行腿部訓練，有人專走山路進行腿部訓練一樣。在千日間，每天步行山路幾十公里，或許可以使身體強壯起來，某種意義上亦可以鍛鍊精神力吧！但是，無論走多少山路、攀登多少懸崖峭壁，那也只不過是天狗、仙人的世界，離佛陀的悟境還相差甚遠。

更有人採取斷食，對自己的肉體展開徹底的蹂躪。斷食期間，意識逐漸變得朦朧，進而周圍開始出現魔界的存在，並進入身體當中，有許多人會誤認為是聽到了佛神的聲音。這是一種誤認為讓肉體和精神遭受痛苦，便可獲得覺悟的錯誤思想。

儘管佛陀是藉由與如此想法訣別後才獲得覺悟的，但目前仍有人想透過肉體苦行的方式來獲得覺悟。這一點從相反的意義來看，這些人仍被肉體給侷限著。他們視肉體為罪孽之因，以為消滅肉體即能獲得覺悟，但是，僅靠否定肉體，覺悟是不會出現的。

如果現在還持有肉體生活著，就應該在持有肉體的期間追求覺悟。覺悟不是否定肉體就能得到的，必須知道在擁有肉體的同時，超越這種肉體感受、超脫自己，這就是覺悟。

那般否定肉體，與自殺相連結的思想，肯定不是一種覺悟。倘若這便是覺悟的話，那麼，殺死剛剛出生的孩子，就是最接近涅槃的行為了，那就是母親的工作了吧！但現實並非如此。

的確，這個世上充滿痛苦，人生遍佈苦楚，但若是能藉由在如此痛苦中尋找到真實，這個苦即會變成巨大的喜悅。

六、「真空無相」、「真空妙有」與「空」的覺悟

以上講述了一切事物都是無常、無我，並且也講述了那絕不能單純地與虛無主義相提並論。

與這個「空」的思想相關的詞語，有「真空無相」、「真空妙有」。即「真正的空是指無相，沒有形姿」，以及「真正的空、真空是指妙有、奇妙之有的存在」，這其實也是解明「空」的關鍵。所謂的空是一把雙面刃，透過兩側來顯示出其中的真姿。

「真空無相」是指什麼呢？在世俗當中，有人被各式各樣的東西所束縛。

他們執著於自己的面子、出身、財產、地位、頭銜、公司，以及其它等世俗之物，並以此來定義自己。

應該對這些人說：「真空無相，真正的空即無形無姿。你所掌握到的、你認為這才是真正的自己、自己的東西、自己的所有物，其實那一切皆為空，要否定這一切。這一切皆為夢幻，對此不可執著，必須捨棄。」這就叫做「真空無相」，然而這並非是真正的「空」的樣子。

與此相反的即是「真空妙有」，真正的空又轉化為妙有。

如果從「執著」的觀點出發，必須要否定一切，一切皆是注定消失的夢幻般之存在，然而如果僅是以夢幻來看待一切的話，那就會陷入了單純的虛無主義之中。就會變成「人生既無夢想也沒有希望，生存本身即是痛苦，能夠儘早離開這個世界才是幸福，否定肉體就是幸福」。這等於是在勸導人們自殺，並且破壞一切。如果是這樣的話，那麼，用核彈使地球消失的人，就可算是獲得最高覺悟的大英雄了。

但是，真的是這樣的嗎？那真的是佛心嗎？肯定絕非如此。在這個地球上，在這個靈魂修行之地中生存的一切，雖然都有著各式各樣的煩惱和痛苦，但是那並非真相。因此，只是毀滅某地某物的行為，是不可能得到幸福的。在這修行之地，亦是可以展開截然不同的樣貌的。

在領悟到一切都是夢幻的同時，還要思索在夢幻當中為何有著現在的自己？為何有著現在的你？為何有著現在的天空、雲彩、雨水、河流、山嶺、稻田、植物、蔬菜、稻穀、動物？既然已覺悟到一切都是夢幻，然而，眼前這儼然存在的世界又是什麼呢？夢幻雖然是真相，但同時在這個世間，亦展現著富饒藝術的美麗世界。是什麼讓如此世界展現的呢？

那即是佛的慈悲，正是因為那般慈悲，才能展現出這個現象界的美景。

既然如此，至今使自己感到痛苦，那有如夜叉般的敵人，或者如果是正在吵架的夫妻，那讓你感到苦處的對方，對於那些看起來像鬼或蛇的人，必須以一切皆空、真空無相而觀之，斷卻世間的執著。並且再進一步，對於現今賜予自己這靈魂修行之地，那偉大的佛之慈悲抱持著感謝之心。以如此之心看待眼前一切時，你便能發現一切彷彿雨過天晴般的世界，滿溢陽光、彩虹旖旎。

「這一切都是為了自己、為了勉勵自己而存在的。無論痛苦或悲傷，或者是那些在現世裡表現為惡的人事物，都是為了指導自己、引導自己而存在的。」當你能如此覺悟時，世間即會展現如天國般的美麗世界，這就稱為「真空妙有」。

一切事物皆是夢幻，但同時一切事物亦是美麗的藝術。當對此有所覺悟時，對這兩種衡量尺規有所領悟時，人即能不再執著，並且又能不失希望地生活下去，這即是一條偉大的「中道」之路。

「不因生活於世間，而否定一切。亦不是單純地肯定現狀，而是透過否定來觀察現狀，從中尋覓出美好的東西，以及自己的可能性。透過這樣的努力，個人的自我修行亦處於佛光之中，處於佛光的藝術之中。」知道上述道理，就是偉大的覺悟。

七、「沉默的佛陀」的教義

為了能理解如此偉大的覺悟、空的覺悟，在此所開展的即是修行論，這亦是本書諄諄闡述的「戒、定、慧」的世界。

守戒、禪定，進而得智慧。

藉由得到智慧，

便可獲得斬斷世俗束縛、執著的力量。

之後，體會到解脫的滋味。

當體會到解脫的滋味時，
即能覺悟到世間亦是佛的偉大慈悲所創造，
進而繼續於現象界當中努力。
此時，為了讓眾人能從此岸渡往彼岸，
便出現了照料渡河的菩薩之工作。
試著引導、引渡更多的人到達覺悟的彼岸，
如此肉身菩薩的工作，就此展開。

當脫離一切我執，
知曉真實的自己，
以真實的自己為中心，

再次以完全不同的眼光觀察這個世間的存在方式，
此時會感覺到感激與喜悅，
並興起亦要使他人渡向覺悟彼岸的心境，
要拯救一切眾生於苦難之中，
胸中會湧現如此宏偉的大悲之心。

這就是我向各位推薦的人生修行之道。

佛陀在二千五百年前，於印度拘尸那迦離世。然而，佛陀遺留的「三法印」和「戒、定、慧之三學的修行指針」，尚存於至今。藉由熟讀本書，可將三法印和三學之佛教的基本，轉換為各位自身的思想。

戒、定、慧的修行，就是「沉默的佛陀」之教義。在沉默之中，遵循這修行方法的過程之中，你一定能聽到這沉默的佛陀的聲音。

跟隨我來，

只須緊跟。

看著我的背影，跟隨我來。

看著我打坐的身形，你們也進行打坐。

看著我覺悟的樣子，你們也覺悟吧！

佛陀至今未死，佛陀仍活於其思想、教義及修行論中。這永恆佛陀的沉默之聲，於此書中靜靜迴響。

本書到底是依循誰的思想所寫下的，各位必定會逐漸領悟。祈禱各位能再次確認，那持續保持沉默的佛陀之聲，即是本書的內容。

第二章

四弘誓願

一、修行者常立的典型四大誓願

本章主題將論述「四弘誓願」。

「四弘誓願」即指「四個宏大的誓願」。自古以來，學習佛法者均有著崇高志向，勤於精進修行，而能夠將致力於佛道修行者應留意之事，表達得如此簡明扼要的，就是「四弘誓願」。並且我們可以將此定義為「求法者，即修行中的菩薩或佛（如來）所立下的四大誓言」。

然而，聽到「菩薩」和「佛」等詞後，或許有人會覺得「自己既不是菩薩，也不是佛，因此與己無關」。不過，這麼認為也太早了點。大乘佛教中的

「要成為菩薩」，乃是每個人的目標。當然，出家人是以成為菩薩為目標，而提出「在家信徒亦可成為菩薩」之訴求的，即是佛教的大乘運動。

現實中能否成為菩薩是另當別論，但只要進行修行，就能一步一步地往菩薩境界邁進，這是不會錯的。今世如果能夠成為菩薩當然最好，但即便今世未能成為菩薩，只要播下能夠成為菩薩的種子，日後終將會成就。不播種則不會開花，不播種亦不可能結果。

播下成為菩薩之種子，這是任何人都能夠做到的。雖然不能確定收穫是在今世，還是在來世，或是在遙遠的未來，但可以說的是，播種本身即是菩薩行。所以，不論任何人都能以成為菩薩為目標。

反之，對那些已經成菩薩（佛）者來說，也就無須立下這「四弘誓願」了。正是因為尚未成為菩薩，所以才有必要立下如此誓願。從這個意義上說，這是一個平等地為眾人敞開的法門。

如以上所述，四弘誓願是立志成為菩薩的修行者，所應該立下的具代表性的四個誓願。

以下章節，將依序說明這四弘誓願。

二、眾生無邊誓願度

首先是「眾生無邊誓願度」。

「眾生」是指所有的生物。具體來說，當然是以人類為中心，加上數量如恆河砂粒般的其他生物。「無邊」是指數不盡的生物、人類。「度」與「渡」意相近，即「濟度眾生」之度，也就是「拯救」之意，或者說「引渡至覺悟之彼岸」的意思。

這是一個立下「眾生雖無邊，但亦想盡心濟度」的誓願，亦即誓願要拯救無數的人類，要讓無數的人類渡往覺悟的彼岸，這即是「眾生無邊誓願度」。

用幸福科學的話來說，「眾生無邊誓願度」，也就是「誓願拯救地球上超過五十五億的所有人類」。即使有五十五億之多，亦勇往直前，不論是五十五億，還是八十億、一百億，甚至無數，我們也不會停止如此修行，不會放棄拯救人類的活動，誓願拯救所有的人。

這是無與倫比的愛心，有時有些人會對此產生誤解，但這不是極權主義的思想。這是想要拯救一切眾生的思想，所以是菩薩的本心。

三、煩惱無盡誓願斷

第二個是「煩惱無盡誓願斷」。

這是「煩惱雖無盡，也要將其斬斷」的誓願。當反覆讀誦這句話時，心中必定會有所感受，並且會感覺到「煩惱的確是無窮無盡啊」！

煩惱每天都會出現，即便消除了昨天的煩惱，但今朝又會產生。今天將其消除，明天又會出現，這就好似夏日的雜草，無論怎麼去拔、怎麼去割，都還是會再長出來。煩惱就像這些比喻一樣，雖然你認為「至昨天為止的事情已經清算了，不要再出現煩惱就好了」，但仍舊會出現。即便你認為「明明昨天已經確實反省了，為何還是會萌發煩惱？」但就是會出現煩惱。只要活著，煩惱就總是會出現。

這是因為煩惱與人類的生存能量、生命能量是一體不可分的，故不可能簡單地根除掉。這就有如令人厭惡的夏天雜草，如果在庭院撒下除草劑，雖然雜草的確是除掉了，但是花草、果樹也就不會生長，進而變成乾涸的黃土、雜石，像沙漠般的不毛之地。如此結果能說是天國嗎？答案是否定的。

肥沃的土壤，還是必須要生長著各種花草樹木。此時，雖然會不斷萌生雜草，但只要即時妥善地割除、摘除就好了。在雜草不生的土地上，是什麼也無法培育的，切不可使其變成如此不毛之地。

不可以為了斷絕煩惱，而成為毫無生命力、不知是生是死、麻木不仁、無精打采的人。為了不長雜草，而導致無法栽培重要的作物，切不可變成如此。

因此，各位的土地、農田肥沃、富饒是一件好事，但是伴隨而來的，當然雜草就會叢生。雖然有時會想要撒手不管，讓雜草肆意生長，但還是得努力地及時割除。

這所謂煩惱的惡性精神作用，會不斷湧現，有時剛進行反省，下一個瞬間又出現不同的煩惱。然而，仍必須斬斷這看似無盡的煩惱，每天清除。

煩惱無盡誓願斷也可定義為「誓願斷絕一切煩惱」。雖然有時人們將「無盡」之詞置換為「無量」、「無數」，即「煩惱無量誓願斷」、「煩惱無數誓願斷」，但「無盡」一詞，更讓人產生繁衍不息之感。

四、法門無量誓願學

第三個是「法門無量誓願學」，對此，幸福科學的會員應該感受很深。「法門」即是指教義，常說「釋迦有八萬四千法門」，這意味著其教義的數量非常地多。我的教義也是如此，一次一次的講演、一本一本的書籍，皆在講述不同的內容，所以每次皆是一個新的法門。法門即是到達法之門，聽了這個教義，便可進入覺悟之門。

我講述了非常多的教義，新書一本接一本地出版，新的法不斷問世。「若是講同樣的內容，或許還能背起來，但每次講的內容皆不同，這一點真是受不了。記得了新的內容，便忘了舊的……」如此苦惱，幾乎是學習中的人都會有的吧！

於是，就出現了這個「法門無量誓願學」的教義。也就是誓願「法門雖無量，但也要徹底學盡」，立下要徹底學習所有佛之教義的誓言。

也有人將「無量」置換為「無盡」，「法門無盡」，法門雖無盡頭，「誓願學」，也誓願學習。也有人使用「知」這個字，說成「法門無量誓願知」。有各式各樣的說法，但光是這樣就難以學盡了，所以記得第一種說法就好了。

要學盡一切教義，這實在很難，但仔細一想，這也是件難得的好事。如果一次的轉生，一次的人生當中，只能學習一個教義的話，那麼，輪迴轉生就會變得很沒有效率。各位為了轉生到此世，先要到靈界的「轉生中心」，似蠶居於繭殼之中，之後終於懷入母胎，經過十個月的忍耐而誕生。直到長大成人，又得進行二十年的寒窗苦讀，才終於能進行作為一名普通社會人士的判斷。之後，與法結緣，學到一個教義之後，就返回靈界，之後又再一次地輪迴轉生。不得不說，這樣的效率實在太差了，生產性太低了。

有著一生都學不完的法，實在是一件慶幸的事。為何這樣說呢？因為在法當中，蘊藏著憑藉自身的經歷所無法學習到的道理。本來是必須透過屢次輪迴轉生，歷經各種立場、人格和身分，才能體驗、覺悟到的內容，如今皆明示於教義當中。所以不需要特別地經過屢次輪迴轉生，進行體驗，就能夠一次學到，今生是一座寶山啊！

因此，當你開始感嘆「再也學不下去了」的時候，請你想像這樣的場景：當你邁著沉重的腳步行進在山路中，雙腳腫脹、筋疲力盡，在接近山頂之處發現了一個山洞。進洞一看，裡面有個珠寶箱。開蓋一瞧，盡是寶物，珍珠、鑽石等什麼寶物都有。好不容易登山到此，得到了這麼多的珠寶，此時該怎麼辦呢？若全部拿走，在下山時，你會說「拿這麼沉的行李，太重了」，而只拿一個珠寶下山嗎？只拿一個珠寶下山，然後再上山，再拿一個寶石下山，你會這樣做嗎？

雖然很沉，你還是會全部背回家吧！等到下次再上山來時，或許珠寶已被別人發現拿走了。因此，不管有多重，即使把帶來的行李都扔掉，也要把珠寶全都背下山吧！人一天不吃也沒關係，通常都是會想要把珠寶都背下山去的。

所以，對於「法太多」而嘀咕的人，就像是在抱怨「鑽石、珍珠、金子太多太沉，拿不動了」一樣。要是財寶箱的蓋子「啪」地一聲關上了的話，那就沒什麼好抱怨了，因為那全部是發牢騷之人的責任。

因為珠寶盒是打開的，又是全能夠拿回去的，所以應改變自己的思考方式。如上所述，在感到無法學盡的時候，就要想到「自己在浪費珠寶啊！」當你猶豫「能不能先下山，然後再登山來取」時，就應該下定決心「那恐怕不行！若是這樣的話，今生就要努力學完了再回去」。

此外，即使你來世轉生之後，環境也與今生不同，屆時也不會講述相同的法。來世所學的或許已不是原版，而是翻譯本或解釋本，又或者是弟子注釋的讀物等。雖是珠寶，卻已混入了雜質。雖然看起來製作精良，而實際上鍍金當中已混有雜質，為此，還必須辨別其內容是鍍金的還是純金的。來世還會另有艱難的修行，趁著還在今世，就必須竭盡全力學習。

因此，當你認為無法再學下去時，只要重複讀誦「法門無量誓願學」就行了，或者書寫下來貼在牆上。

五、佛道無上誓願成

第四個是「佛道無上誓願成」。這是誓願「佛道雖至高無上，但定要成就」，也就是誓願到達最高境界的覺悟，也可將最後一個的「成」置換為「證」。

「佛道」是指覺悟之道，或者是成佛之道。各位心中要有著如此念頭：「雖然明白佛道是至高無上、是最高的境界，也明白最高的境界是難以企及的、可望不可及的，但還是想要達成。即使非常清楚難以成佛，也明白那是最高境界，所以才難以達成。但我一定要完成如此修行而成佛。」

因此，「佛道無上誓願成」的誓言，讓人感覺這並非僅限於今世的誓願。如此誓言，應該是屢次轉生都應持續下去的誓言。

六、總願與別願

以上談到了「四弘誓願」，第一是「眾生無邊誓願度」，第二是「煩惱無盡誓願斷」，第三是「法門無量誓願學」，第四是「佛道無上誓願成」。

這四句雖然很短，但也可做為經文來念。如果每天有空暇時間，可時而反覆讀誦，有時會有所領悟。

當你對某人產生了「這個傢伙真可惡」的想法時，就必須想到「眾生無邊誓願度」。

此外，當你認為今天內心清淨平和，能夠進行精神統一時，忽然眼前一位美女飄然而過，進而將目光轉移到美女身上時，此時就應立即提醒自己「煩惱無盡誓願斷」。

因為佛法真理考試的結果很不理想，而感到心灰意冷時，就應該想到「法門無量誓願學」。

當你看到別人非常善於學習，各方面的修養都不錯，還特別擅長說法時，會感到「自己是很難做到那般程度，我看這輩子沒指望了」時，就應該於心中誓願「佛道無上誓願成」。

這個四弘誓願在印度的經文中未曾發現（注一），而是在中國成立的，但不能說因是在中國成立的就不行。我認為，四弘誓願對佛教之根本表現得淋漓盡致。中國人的漢語能力、古文能力極高，用漢字如此表達，奧妙無窮。

我曾經查閱原典出自何處，如「四弘誓願」曾在唐代湛然（七一一～七八二年）的《止觀大意》中出現過。在本會著名的天台大師智顗（五三八～五九七年）的《次第禪門》、《摩訶止觀》第十卷的後面也有記載。此外，雖然沒使用「四弘誓願」這個詞，但在智顗的老師南岳慧思（五一五～五七七年）所著的《立誓願文》中也有相同的內容。在他另一本《諸法無諍三昧法門》中，似乎更加明確地寫有「四弘誓願」。而在日本，惠心僧都源信（九四二～一〇一七年）的《往生要集》中也有記載。因此，可以說四弘誓願成立於中國，其後傳入日本，其思考方式簡明易懂，是佛道修行者必不可少的想法。

四弘誓願中的心願稱為「總願」，意思是「所有菩薩都能立的誓願」、「所有菩薩共通的心願」。從「這個誓願適用於任何人，任誰都能使用，任誰都能立」的意義來說，四弘誓願稱作「總願」。

與其相對的詞語是「別願」，指「個別菩薩的特殊心願」，或者說是各個修行者個別所立的願。譬如新年一開始，訂立今年想要完成的願望，「今年的傳道目標是三百人」、「要在今年的佛法真理檢定中獲得滿分」、「今年要爭取更高的講師資格」、「今年要解決長年以來的難題」、「今年要增長一些海外見聞」等等，個人的願望各有不同，這就稱作「別願」。

典型的例子是阿彌陀如來成佛前，做為法藏菩薩修行時所立的「四十八願」。這個誓言是「我若不完成四十八願，則不成佛」，其中，第十八願最為重要（注二）。此外，「藥師如來的十二大願」，這是有關治病的誓願。如此，各個修行者、菩薩或如來都立了很多誓言。

某經典中曾記載了「釋迦菩薩五百誓願」，這些是後世所創立的，釋迦本身不記得曾說過如此話語，但其內容是講述釋迦在成佛前的菩薩時代，曾立過多達五百個的誓願，進而做為別願而流傳了下來。

然而，四弘誓願是每個人共通的總願，所以不可迴避。請立下如此誓言，或是心中也有著如此心念。而對於別願，自己可以立下個別的誓願，根據自己靈魂的個性立下別願。

以上即是「四弘誓願」之「總願」和「別願」的說明。

七、誓願的雙重結構與「利他」之道

我想對四弘誓願的構成做進一步的分析。第一個「眾生無邊誓願度」這句話本身，就是明顯地「利他」，其中含有「利他」的教義，可看出是利益他人的。「眾生雖然無邊無際，但也誓願濟度」，這句話表達了利他、愛他行或慈悲行，是一種徹底的利他。

從第二個「煩惱無盡誓願斷」來看，「即使煩惱無窮無盡，但也要斬斷」，因此，聽起來有點個人修行的意味。之後是「法門無量誓願學」，指「法門即便無量，也要學習」，最後是「佛道無上誓願成」。從第二到第四，這些話語全都可以歸納為個人修行方面。因此，可以認為這些與「利自」相當，用過去的話來說，即是「自利」。

「眾生無邊誓願度」是利他行，第二到第四則屬於利自行。關於利他的為一項，利自的為三項，不得不令人思忖「這樣到底好嗎？」「既然是大乘菩薩的誓願，這樣做真的好嗎？若只是在追求自我完成，這只能是阿羅漢的目標，不就是小乘時代的目標了嗎？」

在此，若對這四個誓願再做深入仔細的分析，即能看出其呈現雙重結構。如上所述，第一階段可分為利他和利自，但更加深入一步，對於「煩惱無盡誓願斷」，只要是世上活著的人，都會出現煩惱，但僅是消除自己的煩惱是否就夠了呢？是不夠的。其他人也是在名為煩惱的惡性精神作用下痛苦，必須要剷除掉這些惡性精神作用，必須要滅掉這些火焰，必須要解除他人的痛苦。

因此，這個「煩惱無盡誓願斷」，也可以解釋為協助他人斬斷煩惱，引導所有的人熄滅煩惱之火焰。

其次，「法門無量誓願學」，也並非只做好自己的學習就行了，還要引導所有的人一同學習真理。

然而，大多數的人會抱怨「沒辦法學那麼多」、「連自己都這麼費力，那些興趣缺缺、修行尚淺的人，就更困難了」、「不管是一百本書或十本書都讀不下去，我就連讀一本書的時間也沒有」等等。

對於這樣的人，應該提出各種建議來加以引導：「不，沒有那回事」、「教義雖然看似很難，但如果用這樣的學習方法，就會很好理解喔」、「你看不懂的這本書，其真正的意思是這樣的」、「請用這樣的方法來學習」、「這教義的重點在這裡」，於是此人就會逐漸能夠學習了。

或者，利用各種方便加以引導：「一起參加講座吧」、「試著參加研修會吧」、「去聽聽演講吧」，當此人漸漸深入學習之後，就會覺得「原以為那麼難、根本無法學習的內容，卻變得這麼容易理解了」。

就像這樣，如此誓願亦是在勸導他人學習，誓願一切眾生能一同學習法門。

第四個「佛道無上誓願成」也是一樣，這並非只是讓自己一人能夠覺悟就好了，而是應該心懷讓所有的人都能覺悟的願望。

常常會有人說：「禪宗雖然是大乘佛教，但那不是在尋求個人的覺悟嗎？」實際上未必是如此，在道場當中坐禪，看上去似乎沒在思索他人之事，然而禪宗希望每個人透過坐禪而成道。道元的《普勸坐禪儀》一書，表明了他想要推廣坐禪的願望。或許沒有人會去進行那般嚴酷的修行，可是實際去推薦人們坐禪，人們還真的去坐禪。所以，即使是坐禪，也無疑表達著大乘的精神。

上述中列舉的第一個「眾生無邊誓願度」，誓願拯救所有人的願望，針對如此願望深入思索的話，就會發現其實其中亦蘊藏著想要斬斷所有人的煩惱、願所有人徹底地學習佛法、願所有人均能成佛的心願。

由此看來，之後的三個誓願是對「眾生無邊誓願度」這句話本身進行更具體的說明，這就是雙重結構的第二層意義。

如上所述，「四弘誓願」的內容可區分為利他與利自，但總的來說，一切又與利他相連。

八、邁向「上求菩提、下化眾生」

「四弘誓願」包含了緣聚於幸福科學的人，所有應該做的事情。我曾在《覺悟的挑戰》（幸福科學出版發行）的下卷第二章〈小乘與大乘〉中，講述到「上求菩提、下化眾生」。向上追求菩提，即追求覺悟，同時又要向下教化眾生，也就是加以教育或引導。

這兩句是分開來看還是不分開來看？因為向量相反，可以被認為是互不相關的事情，但歸根究柢還是一體的。可以說，這「四弘誓願」也是相同的道理。

從第二項到第四項，似乎與「上求菩提」差不多，但實際上是與「下化眾生」相同。首先，自己要斬斷煩惱，然後懷著學習無止境的心境進入悟道修行，這樣一來才能救渡他人、救濟所有的人。乍看之下，那似乎是朝著不同的方向，實際上卻是一體的。因此，希望各位透過這「四弘誓願」，重新學習「上求菩提、下化眾生」這句話。

讀完這一章，請把「四弘誓願」寫於紙上，貼在醒目的地方。簡短的幾行應該不會那麼難記，如果可能的話，不僅讀誦，還可將內容背誦下來。之後自己如有不足之處，若能重新調整己心，再次努力的話，就一定能夠度過美好的人生。

注釋

注一：我曾論述到「四弘誓願」並非是成立於印度，而是中國。但有一個很罕見的事例，在《佛說 觀彌勒菩薩上生兜率天經》中，也可以看見「四弘誓願」這個詞。然而，現存的這本經典只有一卷劉宋時期沮渠京聲的漢譯本，而沒有梵文原文經典。漢譯者是沮渠京聲，他於西元四五四年在中國的建康（南京的舊稱）開始經典的翻譯工作，他似乎是在高昌（現今新疆東北部的吐魯番一帶）取得了經典原文。因此，由經典的內容來看，很有可能是參照印度的資料，並在亞洲中部的高昌一帶譯製編纂完成的（參閱渡邊照宏著作集 第三卷《彌勒經——愛與和平的象徵》二三八～二四〇頁）。

注二：在《無量壽經》所說的四十八願中，最有名的是第十八願：「我作佛時，十方眾生，聞我名號，至心信樂。所有善根，心心迴向，願生我國。乃至十念，若不生者，不取正覺。」（我於未來世返回天上界成佛的條件就是，若是所有人皆願生於天國，但卻無法生於天國，那我即無法成佛。）此為法藏菩薩所立之誓願。但是從法藏菩薩已經成了阿彌陀如來這一點來看，其願望已成就，這就是說只要興起念佛之心，誰都能成佛。這就是淨土真宗的根本教義。

然而，這與釋迦教義的直接關聯性很淡薄。

第三章

何謂戒律

一、三學（戒、定、慧）與五分法身

本章將對「戒律」進行論述。

本章的主題是以釋迦教團時代的戒律為中心，雖然是闡述古老的內容，但是我想，隨著幸福科學擴大到如今的規模，該是到了必須要有某些戒律的時期了。

此時，不應單純地隨便想出什麼新的內容，而應該藉由學習過去的做法，重溫當時的知識。從過去透射至現在的光明當中，可以很清楚地認識現在，於是就能知道哪些是我們該做的，而哪些又應該是淘汰不予採用的，哪些是該重新採用的。無論如何，不能單純地分割「現代是現代，過去是過去」，即使是以前的戒律，也應該吸取其精神。

關於戒律，有時候只簡單地稱為「戒」，把「戒」、「定」（包括精神統一、反省、瞑想），以及智慧的「慧」這三者合起來，就稱為「三學」，此為出家者修行的中心課題。

因此，出家後學些什麼呢？可以說中心內容就是「戒、定、慧」。透過遵守戒律，形成一個不犯惡、推廣善的防波堤。並且，透過遵守戒律，統馭己心使己心不紊亂，進而再藉由精神統一來進一步磨練己心，使其淨化。於是，藉由持續地守戒、精神統一，將會產生內在的智慧之光，這就是所謂的「慧」。這個智慧之光，僅憑世間的學習和研究是無法獲得的，而是一種蘊含著洞察的深遠智慧和知識。就是為了掌握這三學，佛弟子正在努力修行。

除此之外，還可以列舉第四條的「解脫」。解脫是指斬斷、脫離迷惘，而進入覺悟的世界。這是接近最終目標的狀況，「戒、定、慧」的結果，就是得到「解脫」。接下來，是知道自己已經解脫的「解脫知見」。

「戒、定、慧、解脫、解脫知見」的五個狀態，稱之為「五分法身」（意指為了成佛而分為五個階段的修行範疇），人們常將其表達為「三學與五分法身」。

二、戒與律的不同

「戒律」常常都是做為一個詞來說，那麼「戒」和「律」是否為同一個意思呢？對此，人們並未有很深的認識，嚴格來說，兩者意思是不同的。「戒」是梵文的「Sila」，「律」是「Vinaya」，兩者本來就是不同的字。

「戒」是修行者站在自己主觀的立場，認為「自己想要遵守這些」，進而訂下的規範。因為是自己自主地想要遵守，所以對此沒有罰則。若是破了戒，其反作用力，就是對自己的反省或是悔恨。破戒之時的痛苦，即是自己的良心會有痛感。

與此相對，「律」是有著明確罰則的。這就是指「不可違反某某規則，否則，將無法維持教團內共同生活的秩序，因此會明確的處罰」。當然，處罰有重有輕，種類也是各式各樣，總之不會坐視不理。

這在社會當中也是如此，從大的方面來講，國家有著法律。現代社會，透過刑法、民法等各種法律，以解決爭議或設置罰則，然而在當時還沒有這樣明確的法律。至少釋迦教團內部還是一種自治組織，國家法律不適用。因為，僧伽是自治組織，即使是國王，也不能用國家法律來處罰生活在僧伽內的人（與現代是大不相同）。

但這並不意味著可以隨意妄為，因為僧伽內部也有著明確的罰則規定，僧伽內部的人是不被允許違背法律的，這樣的內部規律稱為「律」。但是有時，簡單地稱之為「戒」當中，常常含有「律」的意思，希望各位對此能多加留意。

「戒」是自己主動遵守的，為什麼希望人們自主守戒？那正因為是自己主動遵守的誓言，所以才會興起菩提心，即求悟之心。其結果會產生覺悟的境地，也就是涅槃境地。換言之，為了從菩提心到達涅槃之路，無論如何都要自主的「持戒」。並非是像法律一樣，對一切實行規定就行，唯有自己主動地持戒遵守，才會興起菩提心，才能與涅槃之路相連。從這個意義上講，對修行者來說，「戒」是非常重要的。

三、三皈五戒

以下，將對「三皈五戒」進行論述。

「三皈」意思指「皈依三寶」，「皈依三寶」也稱為「三皈依」，就是皈依佛陀、皈依佛陀所講述的法、皈依佛陀所建立的僧伽以及修行團體的規則。皈依「佛、法、僧」三寶，經過授戒，即可以成為佛教教團的信徒，這個制度稱之為「三皈五戒」。

當然，僅是三皈依就可以成為信徒，然而當時熱心的信徒還會主動受五戒。此外，對於出家的比丘、比丘尼，接受了比在家信徒更嚴格的眾多戒律。

歷史當中，入信和入團的儀式有著各種變遷，出現各式各樣的認定方式。

釋迦本身當然也是僧伽成員之一，那麼他是否曾誓願皈依三寶？是否曾受過具足戒？答案是否定的。因為釋迦本身是「無師獨悟」、無師自悟的。

除此之外，還有一些在初期的弟子，他們是因為釋迦勸說「跟隨我來」而加入僧伽的。之後，教團制度才漸漸完善，建立了系統的規章制度。

做為入團儀式來說，首先是說三皈依：「我皈依佛陀、皈依法、皈依僧。」在大家的面前，說出三次這誓願皈依三寶的話語。宣誓之後，就會聽到「好！容許你加入釋迦教團，往後要遵守以下的規則」，於是就會被授予「戒」。一般的信徒是受「五戒」（五個戒律）就行，但是當時做為專業修行者而修行的人，會有更多的戒律。

當教團發展到一定規模後，出家時就必須選擇「和尚」做為自己的老師。

首先，必須決定自己在哪位師父底下出家，否則就無法出家。

首先須言明「因為某某師父非常優秀，我希望做其弟子」。然後到師父那裡請求：「讓我出家吧！」「明白了，那就三皈依吧！之後我將授予你具足戒。」當和尚授戒予弟子後，師徒關係就算成立，這是方式之一。然而因為隨著教團的規模擴大，釋迦變得愈來愈難以直接掌握弟子的一切，因此，漸漸地形成了徒孫式的制度，委由師父來指導。

剛出家時，首先必須要有人照料「僧衣的配給、托缽的方法、食物該如何處理」等等。之後，一天當中前往師父那裡數次，請求指點迷津，當時是如此體制。

如此，和尚與弟子的關係是終身制，除非師父死亡或轉信其他宗教之外，否則都不能單方面解除關係。

但是，當弟子要前往外地，無法接受該師父指導時，就必須要請師父委託當地的師父進行指導。就如同現今學生留學時，也會請目前的指導教授給當地的老師寫一封介紹信一樣。同樣的，在當時也有著委託旅行當地的師父代為指導的情形。此時，與原師父的關係保持不變，對接受請託而進行的老師，則稱為「阿闍梨」（因為人們有時將阿闍梨與和尚做為同義詞使用，所以會特別稱為「依止阿闍梨」。「依止」的意思是「依賴、留宿之處」）。然而如今所稱之「阿闍梨」，則是指偉大的和尚。

如上所述，過去曾有過「和尚」與「阿闍梨」的兩種制度。

四、隨犯隨制與波羅提木叉

或許各位曾聽說過，當時的戒律非常嚴格，那麼，那是在怎麼樣的情況下所建立的呢？

關於這個問題，有一個詞叫「隨犯隨制」。如字面所示，「隨著犯錯而訂定制度」。發生了什麼問題之後，由於「這樣的事情不可做」，進而隨時於僧伽內設立新的規定。

當時有一天，釋迦談起了過去佛的事，說法道：「有著完善戒律的過去佛的時代，僧伽營運妥當，沒有任何問題發生，佛法一直流傳了下來。而戒律含糊不清的時代，就發生了各種問題，引起僧伽混亂，進而使法無法得以正確流傳。」

聽到這些，舍利佛就站起來說：「世尊啊！既然這樣，就趕緊制定罰則規定吧！並且，對違反罰則規定的人，就從教團追放，或者是給予嚴厲警告。」此時，釋迦說道：「你也別那麼激動！我不想在沒有犯罪之人的情況下，就事先制定罰則。日後若是發生了什麼事件，為了讓大家知道『今後不能再做這樣的事』而有所為戒，再一個一個訂定不就好了嗎？」而這「隨犯隨制」就是當時的用語。

從如此背景可以觀察到，當時的佛陀教團是一個相當自由闊達的組織。每一個修行者都是自主修行，不違反規則是理所應當的事，並非是一個若沒有罰則約束，就會作亂的團體。當時彼此有著相互信賴的關係，也很尊重自由的氛圍。

然而，隨著組織不斷擴大，大量的人參與修行，進而發生了各式各樣的問題。因此，也就漸漸地變得不得不制定戒律了。由此，表現出了釋迦的性格。

如此一來，就逐漸地制定了各種罰則般的戒律，而這些戒律條文集結成冊，就成為了「波羅提木叉」（又稱「戒本」）。

當時制定了「比丘二百五十戒」和「比丘尼三百四十八戒」的戒律。集會時，請人讀誦這個波羅提木叉，即罰則規定的條文，然後問大家：「怎麼樣？有人違反嗎？」有時只問一次，也有時問二、三次。「在此次集會之人當中，有破戒的嗎？」如果有人破了戒，就要主動站在大家的面前表示，「其實，這星期我遇到了某某事，心因而動搖了」、「我做錯了某某事了」，進而進行懺悔。當時，曾舉行過這樣的公開反省會。

五、波羅夷法

接下來對於「律」，也就是罰則，進行論述。

最重的罪為「波羅夷法」（也稱「波羅夷罪」），此為從教團永久追放。「若是犯了此律，將被逐出教團，再也無法回來」，這是非常重的罪。

波羅夷法又細分為以下四種。

1 婬

從制定循序來說，首先是「婬」。最近則常用「淫」一字，但在佛教用語中常寫為「婬」，這與五戒之中的「不邪婬」的意思相同。

在家信徒的「不邪婬」，是指「不可與自己的妻子或丈夫之外的人有性關係」，如果與此之外的人發生了性關係，就算犯了邪婬。但是，對於教團來說，「不犯」是理所當然的規則，當時對於出家人，性行為是全面禁止的。因此，有性行為時，就是破了「婬」、「婬戒」。

然而，釋迦教團最初僅是男性的僧伽。可是，以摩訶波闍波提（釋迦姨母）為代表的釋迦族女性們三次懇請釋迦，無論如何也想要加入僧伽。對此，釋迦並沒有同意，但是弟子阿難實在是無法再拒絕她們，懇求釋迦：「她們從那麼遠的地方而來，腳都磨破了，還在出血，衣服也破爛不堪，希望能參加修行，這實在無法再拒絕了。請容許她們加入教團吧！」就這樣，釋迦族的女性們成了最初出家的尼姑。

當然，釋迦並不是歧視女性，而是擔心「在教團當中好不容易能遠離欲望而修行，若男女混雜，那就與俗世沒有差別了。人們好不容易出家了，但若是發生與俗世相同的問題，不會變得無法修行嗎？」釋迦當時曾悲嘆地說：「正法別說延續千年，這一下就縮短到五百年了。」在現代的女性看來，這一點被認為是「歧視女性」，評價很差。

然而現實當中，自從比丘尼教團建立之後，果然出現了許多問題，戒律的數量愈來愈多，這是歷史上的事實。釋迦曾明言「女性也可以覺悟，也能夠成為阿羅漢」，但是也曾說過「若發生男女問題，教團將難以維持」。

因此，當時女子要成為比丘尼，教團使其遵守「八敬法」，內容就是必須要對於比丘（男性僧人）表現敬意，以便能好好地得到比丘們的指導。此外，若只是比丘尼聚在一起修行，容易遭受外來的侵襲，所以教團要求比丘尼，始終要在比丘教團附近，一邊接受指導一邊進行修行。也有一項戒律是「無論是出家幾十年，即便是上百歲的比丘尼，也要對新來的比丘表示敬意。不可以因是新來的比丘，而隨意欺負」。

現代社會也有這樣的事。進公司超過二十年的資深女性職員，欺壓新進公司的男性職員，進而使受欺負的男性職員請辭的例子不在少數。不管頭腦多麼聰明，才剛大學畢業還不知道如何辦事，此時若是被資深的人欺負，就會忍不住想要辭職。

當時釋迦教團已經預見會發生這樣的事，「即使是年輕的比丘，也不該輕視」等等，設立了八個嚴格的條文，若是能接受如此條件，就接受女性出家。即便條件很是嚴苛，但女性修行者們皆予以接受，所以就讓她們在遵守那般戒律的情況下，開始了修行。

然而，幾乎沒有人因為戒律太嚴而離開教團，女性修行者們的意志是非常堅定的。

即便波羅夷法是永久追放，一旦被宣告，就再也不容許返回教團了。可是，由於是男女問題，其中也有受誣陷，或無意被誘惑的情況，要是得力弟子就這樣被驅逐的話，確實有難捨之處。

為此，釋迦做了特別考慮，做為拯救弱勢之人的方法，讓此人捨戒，也就是讓此人暫時放棄「戒」，這稱為「弱力捨戒」。當比丘尼等不小心而犯錯時，使其捨棄戒，這樣就可以自動還俗了。

所謂波羅夷法，是破戒之後提交會議討論，直到大家宣判「這是波羅夷罪，所以要從教團永久追放」後才能定罪。如果在此之前，捨戒還俗的話，就等於是俗人犯錯了。在這種情況下，先暫時還俗，之後再受具足戒而成為僧人或尼姑，這是當時的一種救濟方法。

然而，對於故意破婬戒之人，當然會受到波羅夷法的懲處。

2 盜

接下來是第二個的「盜」，這是指偷盜，觸犯國法的盜竊。若是竊盜的嚴重程度，以國家的法律來說的話，會被逮捕或判處死刑，或被驅逐到國外，那麼就會以波羅夷罪論處。

若以現代來說，就相當於偷竊了相當於幾百、幾千元以上的東西。僅是拿了旁邊桌上的一支鉛筆，是不會被驅逐出教團的。但是，以社會常識來看，若是犯了應該接受懲罰的盜竊，就會被驅逐出教團，永遠無法回來。

3 斷人命

第三個是「斷人命」，這是指斬斷人命，即殺人罪。犯了這個罪，就會被驅逐出教團。

但是，其前提條件是有意，即故意殺人，出於自己的意志殺人。但因某種過失而致人於死，則屬於例外不在此列。

值得注意的是，胎兒也包括其中。現代的墮胎，也算是殺人。若是僧人或尼姑有意殺害胎兒，即進行人工流產，則相當於斷人命，這是不被容許的。

各位之中或許有許多人曾墮胎過，即便是過去的事情，但是今後一定得注意。正如同本會所講述的教義，胎兒到了第三個月，就會有靈魂進入，這等於是一個人了，之後若進行墮胎的話，就和殺人沒什麼兩樣了。不管身體是大或小，人的生命，都是抱持著今世的人生目標而寄宿於肉體，所以必須要予以重視才行。

4 大妄語

第四個是「大妄語」，「妄語」就是說謊，但還有一個大妄語，那就是「假裝已經覺悟」，這屬於最大的妄語。還沒有覺悟，卻自稱「已經覺悟了」，進而做出各種事情。

其中，最常發生的事情是，假裝已經覺悟，進而接受信徒的佈施。因為想要得到大家的佈施，裝模作樣地聲稱「我覺悟了」、「我成為阿羅漢了」、「我是教團當中非常有力量的僧侶」，進而募集佈施。或者是聲稱「我已具備了神通力，能夠看透一切」，進而接受信徒的諮詢，信口開河，要不就是做一些迷惑其他僧侶或尼姑的事。這樣的事情，過去曾發生，今後應該也有可能出現吧！

我能夠理解人們想要覺悟的心，然而，若是過於焦急，就會產生已經覺悟的錯覺，並且因為想得到靈性能力的心情，進而不知不覺地陷於靈障，自己卻反過來把它說成是高級靈的力量，而做一些迷惑他人之事。這一類的事情，如今也是常常發生，這就稱為大妄語。當教團認定此人犯了大妄語之罪時，就會因波羅夷罪而被驅逐出教團。

若是用幸福科學的話來說，當有人變成「迷你教祖」迷惑其他會員時，就相當於觸犯波羅夷罪，進而會被永久驅逐，再也無法返回教團。實際上這麼做的人是會墮落地獄的，所以處以如此重罪也是理所當然。

六、僧殘法與不定法

比這個波羅夷法程度較輕的罪，有「僧殘法」或「僧殘罪」。從字面的意思上說，就是「僧人殘留於教團之法」。因為此人還有殘留的餘地，所以不予驅逐，如此罪名稍微輕一點，還有酌情商量的餘地。

教團會讓犯了僧殘法之人，在僧伽的大家面前懺悔：「我犯了這個罪，我錯了！」並且命其在一個名為「摩那埵」的地方，進行七天六夜的反省思過。如果之前曾隱瞞犯罪，那麼就要把隱藏的時間加算進去。比如，隱瞞了一個月的話，那麼這個時間也要被加算在反省思過的期間內，這就是「僧殘法」。

其內容比波羅夷法的罪惡要來得稍微輕一些，好比與性相關的罪過，牽了尼姑的手，或者輕輕地親了一下等等，如此行為皆包含在內。

此外，還有企圖破壞僧團，試圖讓教團分裂的罪。用現在的話來形容的話，好比此人說：「那個講師心懷不軌，你們聽我的就好了！」這相當於在分化支部。不過，當此人的言行，對教團產生很大的不利影響時，就會被「破門」（追放）。

另外，若是誹謗他人犯了波羅夷罪的話，這也是觸犯了僧殘法之罪。對於實際上沒有犯罪的人，卻誣陷此人犯了罪，企圖將此人驅逐出教團，這時就會按僧殘法，命其反省思過。

於是，在一星期的反省思過之後，就會解除罪責，此稱為「出罪羯磨」。所謂「羯磨」的意思是指會議，在數人面前接受評定，若被認定已經充分反省，罪責就會得到原諒而回到教團中，然而在那之前，做為一名僧人，是不被允許與他人一起行動的。

此外，還有名為「不定法」的不定之罪。這是當男女關係遭到質疑時，比如兩人曾幽會過，或者在小屋當中說話、在樹林當中相會等等，因為是透過證人的證言來定罪，所以刑罰的程度不一定。根據情況，有的是以波羅夷法論處，有的則是適用僧殘法，有的則更輕一些。依據證言的內容來判斷該如何處置，這就叫「不定法」。

七、捨墮法、波逸提法、悔過法

還有一種更輕的法，稱為「捨墮法」，這是當此人持有不該持有的物品時所適用的法。比如，「只能持有三件衣服」、「這樣的缽只能有一個」等等，各種東西有著各個不同的規定，但仍會有人私存信徒佈施的財物。某人「持有較好的冬衣」、「較好的缽」，若是被人發現此人持有禁止的物品，就會依捨墮法，令其交出來或捨棄它。將其交給教團，並經懺悔之後便可得到原諒。這一種罪會處以沒收的罰則，是屬於較輕的罪。

此外，還有一個「波逸提法」，舉凡像是妄語（說謊）、惡口（說不好的話）、拿走教團內的用品等，這些行為適用此法。將僧伽或信徒家中的坐墊、椅子、床等用品拿走，之後又不整理便回家睡覺，如此微罪就叫「波逸提法」，需要在大家面前懺悔。

此外，還有一個「悔過法」，這也屬於較輕的罪，好比說「接受了不該接受的食物並食用的罪過」，這也須在人前懺悔。當時釋迦教團有一個規定，是不能食用「見、聞、疑」三種肉（可參照《覺悟的挑戰》（下卷）第四章第六節）。明明知道「令人懷疑的肉不能吃」，但因為肚子餓而吃了，此時若是被他人發現，進而舉報的話，罪過雖然輕微，但也會被要求反省。

八、止持戒與作持戒

以上，對於「律」的部分進行了說明。每個律又包含著好幾條，若是全部加總起來，數量相當可觀，但僧伽的規則大致可分為兩種。

其一為「止持戒」，這是做為個人應該遵守的禁止規則，即所謂的二百五十戒、三百四十八戒等，是制定於波羅提木叉中的律。「殺」、「盜」、「婬」、「妄」等等，如此「禁止做的事」、「不應該做的事」，就稱為「止持戒」，屬於一般的律。

另一個則稱為「作持戒」，是「必須要進行的戒」。總之就是在團體當中，應該要積極實踐的規則，換言之就是要參加僧伽的活動或儀式等。比如，用幸福科學的話來說，就相當於若是規定「具備講師資格的人，應該參加佛法真理檢定測驗」，那麼如此規定就必須遵守。雖然，違反此戒不適用波羅夷法或僧殘法，也不是一種「不可以進行」的規則，但若是規定大家都得參加測驗的話，那麼就得遵守。

當時在釋迦教團，出家者每月兩次（中旬和月底），會召開名為「布薩」的集會（用幸福科學的話來說，就類似於支部集會。後來，做為一般信徒的布薩集會，當時也會每月舉辦六次）。或者，當時教團每年一次，於雨季時皆不外出，集體避雨，一起居住，此稱為「安居」（也稱「雨安居」）的儀式，此時，每一個人皆應一起參加。總之，為了讓一些不聽指導、擅自行動的人，能夠有所警戒的規則，就稱為「止持戒」。

九、大乘佛教的十善戒

以上，講述了小乘佛教體系中的核心戒律，歷史上之後出現的大乘佛教的「戒」當中，有「十善戒」。這並非是以戒律或戒為中心，而是以操控己心為重點。

這十善戒可分類為身、口、意三種，每一種均有數個項目。

1 身三——不殺生、不偷盜、不邪婬

首先，是「身三」，與身體有關的戒有三條。第一是「不殺生」，第二是「不偷盜」，第三是「不邪婬」。

「不殺生」包含了對所有生物的殺生，若講求嚴密的話，是非常嚴格的。真正來說，不僅是人，動物、植物也包含在內，隨便折斷樹枝、拔草也相當於殺生。

比佛教更嚴格是耆那教，他們絕不容許殺生物，所以信奉耆那教的人無法從事農業，因為從事農業，就會殺蟲。信奉耆那教的人們，大多從事商業，他們很會賺錢，被人說成是「印度的猶太人」，但他們不會殺生物。

此外，耆那教的僧侶等，因為不能吸入空氣中的生物，所以都戴著口罩。

走路時不能踩死螞蟻等小蟲，總是隨身帶一隻軟掃把，邊掃邊走。要喝水時，因為水裡有生物則不能飲用，所以要先用鹿皮篩水，將水過濾後才能飲用，他們做的就是如此徹底。

我認為每件事不能做得太過頭，但若是徹底貫徹這個不殺生的思想的話，或許就會做到如此地步。

2 口四——不妄語、不惡口、不兩舌、不綺語

接下來是「口四」，即與口相關的四個戒，它們是「不妄語」、「不惡口」、「不兩舌」和「不綺語」這四條。不妄語意味著不說謊。不惡口是口不出惡言。不兩舌就是不要對A說一套，對B又說另一套，搬弄是非，挑撥離

間。不綺語是不說奉承話，褒獎他人是件好事，但是，言不由衷地說些恭維話，做為僧人畢竟是不適合的。

附帶一提，將言語分為四種並分別設置戒律的宗教，世界上非常少見，只有佛教而已。從這一點就可以看出，佛教對於「正語」的論述非常詳盡，在其他宗教是看不到的。

3 意三——無貪、無瞋、不邪見

接下來是「意三」，是關於心的三個戒律，它們是「無貪」、「無瞋」、「不邪見」。無貪的意思是「不可貪心」，無瞋是「不可發怒」，不邪見是「不可持有邪惡的見解」，這原本是針對不相信因果法則的邪教徒的想法。說是正見也可以，但或許比正見的範圍還要廣一些。

以上「十善戒」是大乘佛教的人們所遵守的戒。主動遵守這些戒律，即是修行，因此希望各位對其內容能認真理解。

十、戒的主體——七眾與近住

接下來，我要論述遵守戒的主體對象以及其內容。既然有戒，就必定存在著「誰要遵守」、「遵守什麼」的問題。做為守戒的主體，有七個種類，稱之為「七眾」。

首先是「比丘」，指二十歲以上的男性僧侶。接受師父，也就是和尚授戒之人，就屬於正式的僧侶，這個戒稱為「具足戒」，比丘要受二百五十戒。比如剛進一個公司，就會被傳授公司當中的各種規矩，或者公司的陳報制度、內部規則等等，數量可能多達五十、一百條。就像這樣，不管是否能記得住，

「這也不許，那也不行」的戒律達三百五十條。

第二是「比丘尼」，指二十歲以上受具足戒的尼姑。比丘尼當中，也有「和尚尼」，也就是尼姑的師父。為了取得「和尚」的資格，必須在教團裡經過十年以上的法臘修行（成為比丘、比丘尼之後的修行年數），和尚尼則需要十二年以上。一般來說，未經過十年以上的修行，是不能收弟子的。比丘尼的具足戒較多，有三百四十八戒。針對女性特有的細微末事，都設有規定。

第三是「式叉摩那」，也稱「正學女」，指十八歲以上，未滿二十歲，兩年見習期間的尼姑。在男性的戒律當中沒有這一條，為什麼專門針對女性設置了此一戒律呢？因為，常常有些女性出家時已經懷孕，在受具足戒，成為正式的比丘尼後就生產。因為這樣是很傷腦筋的事，所以才設置了兩年的期限，藉以觀察是否懷孕。式叉摩那在進入教團時，將被授予「六法戒」。

第四是「沙彌」，是指未成年（七歲至二十歲）的男性見習僧。正式的沙彌約十五歲以上（依《巴利律》和《十誦律》），然而父母雙亡而成為成孤兒的七、八歲孩子，也必須照顧，所以降低了對年齡的限制。對此，有些是以十五歲以上為正式的沙彌，也有的是以十四歲以上為正式的沙彌（依《摩訶僧祇律》）等等，有著諸多說法（依《四分律》，十二歲以上就為正式）。它區分為低年齡層和高年齡層，而沙彌是被授予十戒。

第五個是「沙彌尼」，指的是七歲以上，未滿十八歲的女性出家見習尼，這也是遵守十戒。

第六是「優婆塞」，指的是在家男性信徒。第七是「優婆夷」，指的是在家女性信徒。兩者都是被授予著名的五戒，希望能夠遵守。

以上即是應該要守戒的「七眾」。

此外，還有「近住」，一般是指守五戒的在家之人，於布薩之日受「八齋戒」的信徒。僧侶每月兩次，在家信徒每月六次，會進行所謂布薩的集會。在後者的集會時，僅限於布薩之日當天，為了讓在家之人體會出家的氣氛，一整天從早到晚，也就是從當天到翌日早上的期間，像出家僧一樣地遵守戒律，進行修行。

● 戒的主體「七眾」

稱呼	對象	戒
①比丘	20歲以上，受具足戒的男性	二五〇戒
②比丘尼	20歲以上，受具足戒的女性	三四八戒
③式叉摩那（正學女）	18歲以上，未滿20歲的見習尼	六法戒
④沙彌	7歲以上，未滿20歲的出家見習僧	十誡
⑤沙彌尼	7歲以上，未滿18歲的出家見習尼	
⑥優婆塞	男性在家信徒	五戒
⑦優婆夷	女性在家信徒	
近住	布薩之日受八戒的信徒（一個晝夜）	八齋戒

● 戒的內容

	五戒	六法戒	八齋戒	十戒
①	不殺生	不殺生	不殺生	不殺生
②	不偷盜	不偷盜	不偷盜	不偷盜
③	不邪婬	離非梵行※	離非梵行※	離非梵行※
④	不妄語	不妄語	不妄語	不妄語
⑤	不飲酒	不飲酒	不飲酒	不飲酒
⑥	—	非時食戒	非時食戒	非時食戒
⑦	—	—	離歌舞觀聽、香油塗身	離歌舞觀聽
⑧	—	—	離高廣大床	離香油塗身
⑨	—	—	—	離高廣大床
⑩	—	—	—	離金銀寶物

※梵行是指絕對的禁欲。

此表是參照平川彰《律藏的研究》（一九六〇年）、《原始佛教的研究》（一九六四年）等所製。

十一、戒的內容

1 五戒

若將這個「戒」進行分類，所謂「五戒」即是指「不殺生」、「不偷盜」、「不邪婬」、「不妄語」、「不飲酒」。

印度是一個很熱的地方，若是飲酒，精神就會變得錯亂，真的很可怕。但是，當佛教傳到寒冷的地方時，此戒就變得相當寬鬆，人們把酒稱為「般若湯」而飲用。日蓮來到身延山之後，冬天收到信徒贈送的酒，喝了之後身體非常暖和，甚至還為此寫了感謝狀，這很明顯地是破了不飲酒戒。但我想，酒的確是有著藥效的一面。

在現代，還應該包括不可吸菸等等。此外，毒品等也應該屬於不飲酒範圍，其它，如賽馬、賽車、麻將等賭博也相當於不飲酒。總之，妨礙修行的都包含於其中。

2 六法戒

式叉摩那、正學女遵守的「六法戒」，大致與以上五戒相同。只是「不邪婬」變成了「離非梵行」，它比「不邪婬」更加嚴格，是絕對禁欲。

此外，第六個是追加的「非時食戒」，這是指「不可在規定以外的時間吃飯」的戒。釋迦的時代，每天只有一次正式的用餐，而且必須是在中午之前結束，過了十二點就不可以吃了。為此，快到十二點的時候，大家就有些坐立不安了。《維摩經》中記載著維摩詰和舍利佛的對話，其中寫到快十二點的時候，舍利佛怕趕不上吃飯的時間，進而出現煩躁，結果被維摩詰看穿心思，因此被指責了一番。（《維摩經》香積佛品）這在當時很普遍，快到十二點時，僧侶便會開始蠢動。這就是「非時食戒」，過了十二點就不可吃飯。

這應該是起因於當時沒有冰箱，天熱了食品就會腐敗。此外，教團還限定只能接受一天份量的佈施，禁止蓄財。並且，一日一餐，在卡路里不足的狀態下，就不會產生煩惱，這是非常有力的想法。現實當中，一日一餐，而且是在中午前食用，下午進行瞑想修行，傍晚和大家一起討論，晚上也進行禪定，如此累得東倒西歪，就沒有餘裕思考異性的事。我想這樣的卡路里計算，也是當時僧團的考量之一。我認為現代人的性的混亂，很大的部分是因為攝取了高卡路里。此外，釋迦也想儘量減輕信徒們的經濟負擔，這顯示了釋迦對信徒的體諒。

3 八齋戒

「八齋戒」原則上與六法戒相同，只是增加了第七條「離歌舞觀聽、香油塗身」。「歌舞」就是歌唱、舞蹈，即「要遠離歌舞表演」、「要遠離音樂奏唱」、「不可於身上塗抹香水等奢侈行為」，這是禁止奢侈、奢華的戒文。

這就叫八齋戒，其中包含在家信徒，僅在那一天當中要遵守的戒律。總之，用現代的話來說，就是在那一天當中「不看電視」、「不看電影」、「不聽收音機」、「不看雜誌」、「不穿華麗衣服，不噴香水等等，避開享樂，度過清爽的一天」。此外，還有「不擺設花環、花飾」等等。

此外，第八是「離高廣大床」，指的是「不睡高大寬廣之床」。當時，在床上睡覺就是一種奢侈，所以在八齋戒的這一天，「不要睡在床上，而是睡在地板鋪的又薄又硬的墊子上，不可奢侈地睡在軟綿綿的大床上」。這就是離高廣大床，讓在家信眾體驗一下出家的滋味。

4 十戒

最後是「十戒」，這是指沙彌、沙彌尼要遵守的規則。是將八齋戒中的第七「離歌舞觀聽、香油塗身」一分為二，變成第七「離歌舞觀聽」，避開歌唱、舞蹈和音樂等等、第八「離香油塗身」，勿裝飾打扮。之後的第九，一樣是「離高廣大床」，勿睡於寢床之戒。第十是「離金銀寶物」，勿在身上穿戴金銀、寶石等首飾之戒，這些都是對於年輕修行者的戒律。

十二、做為拯救時代的理想僧伽

以上羅列了各種內容，如果將二百五十戒、三百四十八戒全部列舉出來的話，那就更不容易理解了。

成為大教團後，要想維持修行，便是如此之難。但是，這些並非為了懲罰人而設定的罰則，而是為了維護做為修行場所的僧伽之和平，是為了創建理想鄉而制定。

若是修行者墮落、僧伽的內部墮落的話，即無法得到世間的尊敬，亦無法得到來自外部的保護，也無法得到信徒的佈施，當政治力量介入時，就必遭受到蹂躪。為了避免這樣的事情發生，教團必須由德行高尚的修行之人所組成。唯有這樣，不僅對自己來說是件好事，對僧伽本身來說，也會成為該時代的救星。

僧伽是理想鄉，是佛國土烏托邦的模型。如果僧伽無法創造如此模型，就無法在社會中普及。正是因為有這樣的理想，為了帶來和平，才會有各式各樣的戒律。

做為現代戒律，到底需要什麼？關於這一點，雖然在本章中並未提及，但今後我想參考過去的教義，以隨犯隨制的方式訂定。而「戒」是對自己的要求，所以希望各位對此能認真思索。

第四章

五停心觀

一、「禪」「定」與「止」「觀」

上一章，我們已對「戒律」進行了深入的學習，本章將針對「戒、定、慧」三學中的第二個「定」進行闡述。

「戒、定、慧」是以「戒」為基礎，「定」才得以成立的。有了「定」之後，「慧」才得以成立。前一項打下基礎，後一項才能更為深入。因此，這個「定」也是在日常生活中自主訂立戒律，過著克己的生活，如此一來才能入定。僅僅一天，突然想入定，那是很難達到的。希望各位認識到這三者之間有著如此關係。

「定」說起來簡單，但其範圍很廣，種類繁多。在此，本章將限定一定的種類，教導各位何謂「五停心觀」。

首先，從解釋詞語開始。各位或許常常使用「禪定」這個詞，然而，禪定的「禪」與「定」的涵義，本來是不一樣的。

「禪」一字來自梵文「dhyana」，簡單地說是指「瑜珈」。瑜珈是一種調和身心、調和精神與身體的做法、修法。

相對於此，「定」這個字的意思，若以別的話語來表現，則為「三昧」。（梵文「samadhi」的音譯）

「禪」與「定」的意思極為相近，兩者組合起來即稱為「禪定」。然而，兩相比較，「定」的涵意比較廣，「禪」則是「定」當中的一種。

若是要給「定」下定義的話，通常即是「將心念集中於某個對象之上，讓心念維持平安的狀態」，也就是「集中心念，維持平穩、安靜」。

但是不僅如此，若再進一步深入定義的話，那即是「維持己心於平靜狀態，並看透對象的本質」，也就是深入到看透事物本質的層次。對此有些讓人難以理解，我想要更加詳細地說明。

「定」的同義詞有「止」與「觀」，對於「止觀」這個詞，或許有些人曾經聽過。

「止」這個詞，在內容上是指「抑止心的活動」、「平鎮己心的波瀾」。入定之後要做什麼呢？那就是在每天的日常生活中，內心波動會紊亂、呼吸也會凌亂，各種人們的意念交錯，形形色色之人的言語或雜念來來去去，在如此情況下，若是不抑止這種波動，而想要集中精神，深入地觀察某事是辦不到的。首先，必須抑制如此波動，從日常生活中脫離出來，這一點很重要。

如此，為了從日常生活中脫離出來，要做的是鎮靜己心，這就叫「止」，即「停止」的意思。

而「觀」與「止」有著相同意思，這是佛教中常用的字。觀音、觀世音等等，用的就是這個「觀」字，意思是「集中精神，以心的眼睛觀察，向某個對象投以心念」。

從作用上來說，「止」意味著使己心平靜，「觀」則是集中精神，試著遂行某事，蘊含著創造性的作用。

因此，若是認為「止」屬於被動性，那麼「觀」則表現出主動性。平鎮己心，超脫日常生活、日常性事務，進入深奧的實相世界，如此過程即是「止觀」。從流程來看，是從「止」向「觀」轉移。

所謂「禪」，一般是指「止」與「觀」兩者，取得了一種良好的平衡狀態。觀法種類繁多，有偏重「止」的，也有著重「觀」的，面對初級者或高級者，其內容會有所不同。教導初級者，會比較強調「止」的方面，到了高級者，「觀」的方面就會愈來愈深入。觀察己心也有其階段性，越是深入，就越能進入各種不同的層次。初級者首先要從清除雜念、平鎮己心開始，此為原則。

二、止心的五種修行

這一節將針對本章的主題「五停心觀」進行說明。

「五停心觀」，代表著五種讓心念停止的修行。「五」表示有五種，「停」表示「停止」。停止心念的五種修法，叫作「五停心」，如此觀法稱為「五停心觀」。

此種情況下的「觀」，從先前所論述的「止」和「觀」的定義來看，是比較將重點放在停止心念上。

當「止」的部分確立之後，抑止內心的風波，進行精神統一，達到平靜的狀態之後，就可以逐漸轉向「觀」，即將意念集中於某個對象上。

以下，將依序對其內容進行講解。

三、「不淨觀」——充滿貪欲之人的必修觀法

首先談談五停心觀中，第一個出現的「不淨觀」。此觀法很出名，應該有很多人知道。「不淨觀」即是指「靜觀那不甚乾淨的汙濁之物」。

如此觀法是針對何種對象呢？那就是貪，指「心之三毒（貪、瞋、癡）」中的貪。總之，是貪念較多之人應該要修練的法，或是內心充滿貪欲的時候所必修的修法。

在種種貪欲之中，常用到不淨觀的場面是性欲、情欲。在兩千數百年前的釋迦教團裡，是不容許出家男女自由結緣的。所以對僧侶與尼姑來說，如何抑

止性欲是個重要的課題。

在現代要求不會如此嚴格，但這也是對於單身之人，抑制淫穢的性欲、社會無法認可的異性關係，或者是抑制那般妄想的方法。此外，若是已婚之人，在遇到社會上無法認同的三角關係、外遇，或者是其他的醜聞，進而心念動搖時，做為抑制如此心思的修法，就是不淨觀。

這種修法在當時的印度，做法十分激烈，對現代人來說可能有些殘酷。在當時，若是有人「執迷於異性，完全無法自拔。煩惱如火燃，腦中老是充滿著欲念」的時候，此人就會被帶到墓地去。

當時的墓地，屍體是隨處亂丟，可以說是屍橫遍野。在此，僧侶們會收集墓地中死者所穿的衣物，經過縫補、洗滌，染成褐色，然後穿在身上，這稱為「糞掃衣」。透過穿上這種從死者身上脫下的衣物，進行斬斷執著的修行。

因此，當時的教團與墓地一直很有緣分。如今，有些寺廟是位於墓地當中，這也是因為有緣吧！在當時教團與墓地有緣，所以當發現某人內心紊亂時，便會告訴此人「去墓地走一遭，好好看看屍體！在屍體前面禪定之後再回來」，進行不淨觀。

被殺害而死亡的人、曝死於街頭之人、因病而亡之人、餓死之人等等，各種死者的屍體，會不斷地被運來丟在墓地裡。於墓地中進行不淨觀之人，就會看到屍體因為腐爛而變成白骨的樣子。一旦有過這種經歷，之後即使不去墓地，在禪定當中，也能於心中浮現出腐爛屍骸的樣子。

縱使現在是欲火難熬、充滿煩惱，然而那個讓自己的煩惱如火燃的年輕貌美女性，或者是對女性來說，那魅力無窮的男性，最終都會變得像那腐爛的屍體一樣化為白骨。這種在心中描繪髑髏的方法，亦被稱為「白骨觀」。在心頭浮現出死亡的情景以及屍骸的觀法，就是「不淨觀」。

一旦進行不淨觀，旺盛的欲火便能立即得到抑制。「啊！這真是令人厭惡啊！現在雖然是年輕的女性，當此人死後成屍時，就會腐爛成為白骨」，當這樣一想，煩惱的火焰就會熄滅。

或許這麼說會令年輕的女性感到不悅，然而若是某位女性實在非常美麗，進而讓人癡迷於其中的話，僧侶們斬斷執著的方法，不僅是進行「白骨觀」，還會進一步想像美女剝開一層皮之後的樣子。「儘管女性很美，但不就是一層皮嗎？想像一下剝開一層皮的樣子，就沒有辦法說很美了吧！」還有一種更極端的做法，就是想像內臟的樣子。「想像一下內臟的樣子。如何？這樣還能說得上美嗎？」

用這樣的方法，腦海浮現出屍骸、白骨的樣子，或者剝開一層皮之後的樣子，甚至內臟的樣子，這就稱作「不淨觀」。

一旦進行如此想像，即可立即平息煩惱的欲火。不斷練習之後，當感到「啊！有點危險」時，便可一下子入定，進而斬斷執著。即使現代，我想這個方法也很有效。當然，飲酒之後進行如此修法就沒用了，但在正常情況下，我認為是有效的。

雖然我不會向昔日一樣嚴格要求，然而在現代當中有很多人走向色情地獄，對於這些人來說，這個不淨觀現今仍然有效。

此外，在現代出現了愛滋病等問題。以為是極其快樂、美妙無比的事情，結果卻是染上了愛滋病毒，光是假想就讓人毛骨悚然。若是對此不知，跑到海外花天酒地，等到五年、十年後，愛滋病的症狀逐漸顯現時，後悔就為時已晚了：「這下完了！當時的快樂簡直是個迷惑啊！」這些都是進行不淨觀的素材，也就是試著想像得到愛滋病的情景。

當然，不淨觀還可用於性欲以外的欲望，但是最常用此來抑制性欲。

四、「慈悲觀」——易怒之人的必修觀法

第二項是「慈悲觀」，這是收斂「瞋」、瞋恚，抑制發怒的方法。

有時，自己會對某個人感到憤怒不已，氣得不得了。有時會與過去的友人、鄰居，或是自己的母親、父親、兄弟姐妹等發生口角爭議。有時遇到討厭的人，內心也會產生糾葛。遭遇如此情況，若是知道真理的人，便能在一定程度上控制自己，但沒有學過真理的人，便會直接地發洩怒火，一下子就火冒三丈。於是相互攻擊，怒火不斷升溫，轉變成拚得不是你死，就是我活的地步。

此時，就必須進行這個慈悲觀。

這是易怒之人必修的觀法，無論是你喜歡的人、討厭的人，還是除此之外的人，對這些人皆要平等以待、平等視之。「每個人皆是佛子，雖然自己的喜好各不相同，但每一個人、每個靈魂皆是佛所關愛的。」首先必須要回到起點，試著對每個人平等以待。

並且，一視同仁地對所有的人「拔苦與樂」，也就是拔除痛苦、施予喜樂，這樣的「觀」之心非常重要。要做到這一步雖然很難，但至少和直接發出怒火的狀態相比，光是能夠這麼想，就可從負面思想轉變為正面思想。當如此的中和作用發揮出來時，內心就會平和下來。

比如，今天在公司裡和上司或同事大吵一架，回到家後，仍然忿忿不平，心想：「那個討厭的傢伙最好去死！竟然跟我講那麼惡毒的話！」

這個時候，即應該進行「慈悲觀」，並這樣思索：「自己不也是在用個人的喜好來看待對方嗎？應該更公平地看待他人才行。自己喜歡的某某人，從第三者來看，也有可能會令某人感到厭惡。對自己來說，或許和這個人很合得來，但其實也有討厭此人的人。喜歡與厭惡，可真的是相對的情緒啊！所以不能完全憑自己的主觀來論斷！讓自己感到很生氣的人，也一定有其優點。沒有發現此人優點的自己，一定有著什麼不對的地方！」

就像這樣，要興起平等看待他人之心，面對他人時要考慮：「那人心中一定有什麼苦楚。雖然此人對我做了那般惡劣的事，或者是說了什麼話，但他心中一定有著煩惱。那煩惱到底是什麼？怎麼樣才能緩解其煩惱，使其輕鬆一點呢？」繼而，再進一步地想：「自己能否做一些讓其高興的事呢？至今盡是想要責怪對方，但難道不能說一些體諒的話嗎？我能做一些什麼善意的行為呢？」

當試著平等看待對方時，並且思索「自己能不能做一些解除此人痛苦，使其感到喜樂的事情呢？」就在這麼想的過程中，怒氣自然就會消失。

這就是五停心觀第二項「慈悲觀」的觀法。

五、「因緣觀」——愛發牢騷之人的必修觀法

第三項是「因緣觀」，解決的對象是「貪、瞋、癡」中的「癡」，癡即是愚癡。現今泛指抱怨、牢騷不滿等行為，然而歸根究柢，牢騷不滿的根源就出自於愚癡，而斷除這愚癡的觀法，就稱為「因緣觀」。

若試著思索，為什麼會出現老是牢騷滿腹的人呢？最終就是因為此人對於因果法則無知，對於出現的結果無法忍受。因為心有不滿，所以對各種事情都牢騷滿腹。

比如，因為在公司不能升遷而經常發火、口吐不滿，對他人胡亂指責、回

家後對妻子亂發脾氣，對孩子出氣：「無論你怎麼用功，都不會有出息。」等等，做出如此愚癡的行為。

就像這樣，此人老是把氣出在別人身上，但是結果為何自己不能升遷，還是得必須好好地觀察那因果的理法。若是認真思索到底為什麼自己無法升遷，最後一定是有原因的。

對於公司來說，公司是不會長期冷漠對待為公司帶來利益、對發展做出貢獻的人。雖然偶爾會因為個人的好惡而出現影響，但從長遠來看，公司是不會長期埋沒一個對公司有用或有能力的人。所以說，無法升遷的原因，必定和當事人有相當的關係，只不過此人沒有發現而已，或者是自己不承認而已。只要探究其原因，必定能發現自己會遭受如此對待的理由。

不分原由而胡亂地向他人發火，或者自我矮化、自暴自棄、厭世、怪罪佛神等等，都是極其錯誤的行為，這些就是愚癡之人的特徵，這類人必須好好地探究其原因。你今天之所以變成這個樣子，一定有其原因，要把那原因找出來！這樣做，不平不滿才會停止，就會明白：「原來就是這個原因，自己才會變成這樣呀！」

若換以現代的例子來形容，比如大眾媒體常常提及考試「偏差值」的問題。日本報紙或電視上常常議論「想要進入私立高中，偏差值必須要達到一定水準以上，但這樣單憑偏差值來判斷學生程度的做法是不行的」，我們就將此視為一種「愚癡」，來試著思索一下。

若是思考偏差值本身是否有罪，其結論或許罪不在偏差值。以前，是僅僅根據「五百分滿分當中取得了多少分」這個絕對分數，來評判成績的好壞。只不過實際上每年考題的難易度不同，有時難，有時簡單，去年平均八十分就可錄取，但到了今年，平均八十分是否能被錄取就變得很難說了。然而如果有了偏差值的測量基準，不管考題難易如何，便可在某種程度上，明白自己在全體考生當中處於什麼水準。比方說去年的及格分數在八十分，由於今年考試題較難，事先就能知道七十五分即可及格，偏差值就有如此效果。此外，不同的考科分數會有高有低，偏差值能有著平均的效果，從這層意義上說，偏差值本身並沒有罪。

那麼，他們認為問題出在哪裡呢？實際上他們在說：「若是沒有得到較高的偏差值，就不能進入好的私立大學，這樣的升學障礙是不行的。」

但是，取消了偏差值，升學障礙是不是就會消失呢？想一想就會明白，還是不會消失，因為肯定需要有某種形式的考選方法。

如果說考試制度本身就不行的話，那就必須用其他方式來評測了。是要憑家世嗎？還是憑父母親的經歷？還是憑學生自己的人格？不過，才是國中的階段，人格尚未成熟，日後還會逐漸形成。

大學考試也是一樣，當然可以從每個人的特質來評測，但若是全憑大學老師的面試來決定能否合格的話，終究難以服眾。如果大學老師本身是全能型，各方面皆平衡發展的話那就還好，但實際上並非如此。相當多的老師無法任職於一般企業當中，若是用這種人的眼光來對學生進行評價的話，那麼合格的學生就都是會在某方面很突出的人，這也是難以接受的。

綜上所述，在謀求公平的意義上，對於心智尚未充分成熟，並未完成社會修行的學生，就以人格、家世或財產來進行評判，是欠妥當的，畢竟公平性很重要。從這個意義上說，以考試來測驗學生的程度是非常公平的。

因此，從根本上說，偏差值制度並沒有錯，問題在於自己的程度未達到一定的水準。

比如，某人想進入某私立高中，但偏差值需要七十分，因此無法如願。在這種情況下，可以說是因為偏差值制度不好，自己才無法進這所學校的嗎？顯然不是。自己的孩子是因為英語不好或數學成績不佳，問題是出於此，因此，努力學習這些科目才是解決之道。如果成績未達標準，那就表示太過於高估了，此時，須選擇另一條適合孩子的道路。

因此，不能混淆問題。不應該認為是因為制度不好，所以自己才考不上。考不上的原因是由於自己的程度不足，必須想想是哪個科目應該要加強。

不擅長該科目的理由是不是因為學習不夠努力？要怎麼做才能學好呢？或者，雖然現在滿腹牢騷，但自己之所以無法考進那所私立高中，實際上是不是因為過去太過於怠慢學習了？當回顧過去，自己現在這樣子不平不滿，是不是也有著問題呢？

這個「癡」的部分，若是仔細思索因果的理法，就會知道是因為過去的某個原因，才會出現現在的結果。對此若能察覺，實際上不平不滿之心就會平息下來了。

這類事情，即便是出了社會亦是數之不盡。明明已經是到了晉升課長的年紀，卻比同期之人晚晉升一年。雖然此人嘴巴上說：「那傢伙比我還早晉升，實在是太奇怪了！」但若回顧過去自己進了公司的這十幾年來，到底做了些什麼，就必定會找到其理由。

就像這樣，知道是什麼樣的原因，所以才出現如此結果，這就稱為「因緣觀」。它有著抑制牢騷、不平不滿的效果，是觀察緣起之理的觀法。如此方法可以應用的範圍非常地廣，所以尚有許多思索的餘地。

六、「界分別觀」——自我意識強烈、驕傲自滿之人的必修觀法

第四項是「界分別觀」，這個詞有點難以理解，是抑止「我見」的觀法。換言之，這是自我意識強烈、驕傲自滿之人應該修練的觀法。世間有著因為自我意識強烈而痛苦之人，或者是因為自我意識強烈而傷害他人，總是惹出問題的人。這類人總是無法抑制自我，或許當事人已經意識到自己有此問題，卻怎麼樣也無法抑制。

在這種情況下，就需要對這個世界的自己，重新進行一次認識。雖然此人會拘泥於「自己、自己」這個自我而無法自拔，但這個自己是由十八種因素構

成的。首先可以分解為「眼、耳、鼻、舌、身、意」六根（感覺器官），自己就是透過這些器官與世界接觸，憑藉這六個器官或部位來掌握這世界。

那麼，這六者所接觸的對象是什麼呢？那即是「色、聲、香、味、觸、法」，即「色界、聲界、香界、味界、觸界、法界」，這些就是感覺器官所接觸的對象，這樣即構成了「十二處」。於是，各個器官所接觸的對象，與各個感覺器官之間所產生的認識的世界，就稱作「眼識界、耳識界、鼻識界、舌識界、身識界、意識界」之六界。

若是分解「六根、十二處、十八界」，你就會察覺到：「啊！自己在這個世界上所認識的『我』，只不過是感覺器官對這個世界形形色色的事物，出現各種不同的反應，其判斷的結果，創造出『自己』的世界。這個在『自己的人生』當中所進行的各種思考，認為是自己的『我』，但不管是自己或他人或全世界，其實全都處於這十八界之中。一旦一一分解成那樣的要素，現今存於這世間的自己，是何等空虛啊？」

如此一來，執著於世間各種事物的自己，或者執著於這個自我的自己，就能得到克制了。

「五蘊暫時和合」（注三）這個詞常被解釋為否定的意思，但也可以用於肯定的方面。醒悟到存在於世間的自己，是真正空虛的存在，當化為靈性存在時，所有事物就會出現完全不同的發展。從這層意義上來說，認為自己的我見、自我意識過強的人，可以將事物分解為十八界，進而進行思索。

和他人比較長相，但那也不過是眼睛的作用而已。對於女性來說，這是常有的事。「她比我長得好看，我沒有她那樣美，心裡真不是滋味，一定要想辦法表現自己。」於是，此人就在不同方面拚命地表現自己，或者是想用體力來取勝，或者是用能說會道進行掩飾，總之是利用各式各樣的方法來強調「我」。然而，此人應該瞭解到：「這只不過是眼睛的作用而已，只不過是眼睛的反應，與眼睛所看到的對象之間，所出現的世界罷了。」

此外，還有香味的世界、聲音的世界。若是歌手，就會為聲音的好與壞而苦惱不斷。與他人比較即會產生各種煩惱，但分解來看，就會覺得不過如此。

就像這樣，分別、分開來觀察十八界，就稱為「界分別觀」（也稱「界差別觀」）。透過這樣的觀察方式來感受無常，即可抑制自我的膨脹。

「頭腦雖說有好有壞，但那只不過是腦細胞的活動而已。腦細胞每天都在死亡，那個自己覺得比自己聰明的某某人，再過個二十年後，腦細胞也將全部死亡變為零。自己的腦細胞只不過此人衰老得早一些而已啊！」就像這樣予以分類，就能抑制自己執著的心念。

七、「數息觀」——常常心煩意亂之人的必修觀法

第五項是「數息觀」，是抑制「散亂心」的觀法。「散亂心」也稱「散心」，心被各種雜事所牽掛，雜念紛呈，精力不集中，無法專心做一件事。抑制這種散亂心、散心的方法，就是這個數息觀，此為常常感覺到心煩意亂者的必修觀法。

具體該如何做呢？其實很簡單。「一、二、三、四……」地，對自己的吸氣和吐氣進行計數。一邊吸氣和吐氣反覆深呼吸，一邊依序計數，這樣持續做下去，心就會漸漸地平穩下來。這是呼吸法的一種，將心念集中於計數，進而

平鎮己心的方法，就稱為「數息觀」，這是任何人都能做到的基本觀法。

漸漸數到五十、一百的過程中，內心就會慢慢變得平穩。就像這樣，將心念集中於數字，不將念頭朝向其他事物，如此一來即可斬斷雜念。若考慮其它事情，就會忘掉數字，而無法繼續數下去。

以上就是「數息觀」的做法。

八、五停心觀的核心——平鎮己心

以上五種觀法即「五停心觀」，其中具代表性的是第一項的「不淨觀」和第五項的「數息觀」。這兩種觀法對任何人來說都很容易入門，初學者也能簡單做到。

由於五停心觀以平鎮己心為核心，所以「不淨觀」和「數息觀」很受重視。而「慈悲觀」、「因緣觀」和「界分別觀」，若不理解內容就很難做到，所以有一定的難度。

「五停心觀」的目的，就是平息心中的火焰與波動。然而，這對於「定」

來說，還非常接近初級程度，尚未到達專業的水準。換句話說，就是聽聞了如此方法，便出現「好！這個星期我也來做做看」的念頭，這是初學者也能做到的修法。

還有比這層次更低的，那就是「清淨己心吧！沉靜己心吧」的教義。「澄清己心，掃除汙穢吧！」「洗刷汙穢、使心清淨吧！」如此，使己心清淨的「心清淨」之觀法，是最初級的。「清淨己心吧！掃除汙穢吧！讓己心如蔚藍天空吧！」這是最初級的，其次才是「五停心觀」。

在這之後，則是「四禪定」等各種禪定，對此將另外說明。本章中，只為了初學者講述了「五停心觀」。

其實只要有短短五分鐘左右的時間，便可雙手合掌，調整呼吸，閉上眼睛，依序進行以上觀法。若時間稍微長一些，如有十五分鐘或三十分鐘的話，雙手合掌會感覺疲累，此時可將雙手放在膝蓋上，伸直背部，調整呼吸，再進行以上觀法也行。

希望各位以本章的學習為契機，進行實踐。

注釋

注三：「五蘊暫時和合」指五蘊（色、受、想、行、識）是人類的形成要素，佛教學認為這些要素的暫時和合形成了人類。因此，許多佛教學者誤認為：「人死後即雲消霧散」。（參照《覺悟的挑戰》（上卷）第四章）。

第五章

何謂智慧

一、三學（戒、定、慧）中的「慧」

本章的主題為「何謂智慧」，將闡述關於「戒、定、慧」中的最後一個部分——「慧」的內容。

「戒、定、慧」，是佛教修行者所必修的重要修行項目，並表現了修行的正道。戒學、定學和慧學，統稱為「三學」，這是最重要的修行方式。關於「戒」，我曾在第三章中講述了「何謂戒律」。關於「定」，其內容非常地廣泛、深奧，我已於第四章中講述過「五停心觀」。

本章將講述關於「慧」的話題，但因為其內容也是極為廣泛、深奧，且境界很高，所以很難道盡其全貌。然而，透過本章的內容，我想各位至少能夠理解「慧」的基礎部分及其整體的輪廓。

「慧」，是一個極難理解的漢字，其深意到底為何呢？那是很難用言語進行說明的。「慧」的定義之一，即為「無法用言語解釋的東西」。對於「無法用言語解釋的東西」，如今卻用言語進行了說明，這本身似乎存在著矛盾。但在歷史文獻上，確實有過「無法用言詞說明的智慧，即為慧」的解說。就像這樣，「慧」是一個難以道盡的詞，各位不妨可以將其視為「覺悟」的近義詞。

追求覺悟之人，藉由獲得智慧，就能夠獲得明燈或者說光明。透過這光明或明燈，即可打破無明，最終得到解脫。而解脫之後的結果，就是進入涅槃的境界，這就是「覺悟的境界」。

因此，若是詢問「何謂智慧」，須知道掌握這「慧」，就等於到達了覺悟的跟前。緊接著，下一步就是大悟。藉由活用、發揮這智慧，即可獲得覺悟。

換言之，本章的主題亦即是對於「怎樣才能夠獲得覺悟」、「何謂獲得覺悟的力量」等問題的回答，希望各位帶著如此概念來閱讀。

二、智慧的種類

1 生得慧——與生俱來的智慧

首先，我要講述「智慧」的種類。大致可分為以下兩大類：一是與生俱來的智慧，二是後天獲得的智慧。

其中，與生俱來的智慧，可稱為「生得慧」。

從出生到一歲左右為止，嬰兒還不會說話。儘管母親手足相教，嬰兒也未必能夠完全理解其話語。因此，為了表達自己的感情等，嬰兒可謂是受盡勞苦。但仔細地觀察其行為時，會發現嬰兒的有些動作並非是他人教授的。

譬如說，當一歲嬰兒的頭部受到撫摸時，他就會笑顏逐開。然而，這是因為有人教他這樣做，他才會笑的嗎？那也未必。當然，或許是因為被大人撫摸頭部時，嬰兒感到很舒服。但絕不是因為有人教他「被人撫摸頭部時會感到很舒服，所以你要開心微笑」，所以他才會笑的。遇到開心之事時，他會自然感到開心。此外，嬰兒被人抱著時，也會很開心。

再譬如，可以簡單地區分「好人和壞人」。對於那些並非是後天教授的事物，所顯示的理解能力，以及直觀知曉事物的能力，這些都稱為「生得慧」。

這是明確存在的，因為有很多事情，並不是在學過該詞後才初次知曉的。

比如說，我們曾學過「美麗」一詞，但並不是在知道了「美麗」一詞後，才初次感到鮮花很美麗。即便在孩童時期，也必定曾感到鮮花的美麗。

此外，全世界的孩子收到玩具時，都會感到滿心歡喜。然而，這也不是因為大人教過孩子「因為玩具很好玩，所以當你收到玩具時，應該感到歡喜」，所以孩子才喜悅的。只是孩子一見到玩具，就會自然地歡欣雀躍，開始玩起來，這也可以說是與生俱來的智慧。

正所謂「三歲定終身」，人們從小就有著這種與生俱來的直觀力、洞察力和判斷力等等。同時，人與人之間也存在一定的差異。雖然僅是處於萌芽狀態，但仔細觀察起來，還是能夠看出些許差異。

對於與生俱來的部分，我們的確是無可奈何。但我們的修行課題，還是後天努力的部分，那就是「三慧」，即三種智慧。

2 三慧——後天努力的智慧

①聞慧——吸收真理知識

第一種智慧，稱為「聞慧」，正如字面所示，意指「聽聞所得的智慧」。不過，並非是聽聞任何事情，都能構成「聞慧」，只有成為靈魂食糧的學習，才能構成智慧。這主要是指佛教的教義，廣義來說，即是有關於真理的教義。譬如說，聆聽幸福科學的講演以及講座所獲得的知識，基於如此知識的力量即為「聞慧」。此外，聆聽法話錄音、觀看講演影像，或是閱讀真理書籍等，也有著相同的意義。就像這樣，吸收真理的知識，即可稱為「聞慧」。

藉此，智慧將會明確地顯現出來。譬如說，能夠理解自己迄今未能理解之事，能夠看透自己迄今無法看透之事等等，後天的智慧會逐漸地顯現出來。這是非常重要的基礎部分，要想跳過這一步，而一舉獲得偉大的睿智，那是幾乎不可能的。總之，基礎訓練的部分是必不可缺的。

方才我曾講過，這「聞慧」本身屬於後天的智慧。但從某種意義上說，「聞慧」是「生得慧」的延長，這也是一個事實。因為「想要學習」的心念，是每個人與生俱有的。對於真理的關心，想要瞭解尊貴事物的力量以及求知欲本身，在某種程度上也是與生俱來的。

②思慧——透過思索而獲得的智慧

第二種智慧是「思慧」，即透過思索而獲得的智慧。譬如，聽完了我的說法後，需要自行加以理解。為了讓自己達到完全理解的狀態，也就是毫無疑惑、謎團之處，為此所做的努力即稱為「思慧」。

若僅僅是記住了耳聞的內容，那就成了死記硬背的知識。當然，這也有一定的學習效果，根據這些知識也能做出各種的判斷，但這還不夠充分。

透過思索，可以將知識變成自己的東西。譬如說，對於「這個詞到底是什麼意思？」「導師為何會在今天講述這樣的教義？」等問題進行深入地思考，藉此將知識化為己有。如此一來，就能夠對其應用自如。這般深刻的理解，即可稱為「思慧」，也就是透過思考，從而掌握正確的道理。

當然，「思慧」並不是單純地思考，由於佛教的修行者大多是處於瞑想狀態下，所以是指一邊禪定、一邊思考。從這個意義上來講，「思慧」與接下來的「修慧」也是密切相關的。為了能夠深入地思考，就必須要自行調整好適當的環境，所以最好是在如此的瞑想狀態下進行思考。

③修慧——透過修行而獲得的智慧

第三種智慧，就是「修慧」。正如字面意義所示，「修慧」是指透過修行而獲得的智慧。這修行亦是修法，即透過禪定而獲得的智慧。

當然，並不是單憑一次打坐，就能獲得這種智慧。如果只是一次禪定，或進入瞑想狀態進行思考的話，那只能算是「思慧」。而「修慧」，則要求每天反覆地禪定，或者即便是不能每天禪定，那也要在週末反覆進行。須將此變成一種習慣，對於當天所學的知識、所聽的法話，以及從真理書籍上所讀的內容，反覆地加深學習，並深入地進行思考。然後，在禪定的狀態，或是放鬆的瞑想狀態下，始終保持這般深入思考的習慣。當逐漸養成這種習慣後，於實踐的過程中，智慧便將提升為習慣。如此的狀態，不僅限於特定的時期，而是在不斷反覆地實踐修法，同時深入洞察的過程中，智慧將提升為一種習慣——這就是「修慧」。

僅憑以上的解說，或許還是很難理解。接下來，我要加入一些比喻。

假定各位聽聞過關於「無我」的教義，並學過「無我觀」。當然，要從學校當中世俗的學問、教科書上學到「無我觀」，根本是不可能的。然而，各位可以透過聆聽真理的法話、閱讀真理的書籍，首先從知識的角度，掌握「究竟何謂無我」，這就是聞慧的階段。

可是，僅憑閱讀書籍或是聆聽法話，還是難以理解「無我觀」。於是，各位就將自己關在房中，靜靜地深入思考「究竟何謂無我？自己應怎樣達到無我的狀態」等等。各位必須要深入思考到「達到無我的狀態後，會發生什麼事情」，否則就無法理解「無我觀」。

聽完說法後回到家中，若僅於當天思考了一個小時左右，那就只能算是

「思慧」，但如果每天對此進行實修，那就是「修慧」。

「無我的境界，究竟是何種的狀態？達到無我的境界後，將會怎樣看待世界？如何看待自己？朝向無我的境界持續實修，到底會帶來什麼結果？據說能夠消除執著，但是執著消除後，究竟是怎樣的感覺呢？那時將會怎樣看待他人？如何看待自身？自己的痛苦又會發生何種轉變呢？」將對於這些問題的思考，當作每天必須實踐的修法，就能夠切實掌握「無我觀」，從而滲入心底的感悟，並理解「無我的境界」。

就像這樣，透過聞慧、思慧和修慧，就能夠透澈地領會覺悟的知識，以及智慧。

若非經過實修，那就很難理解無我的感覺。僅憑世間的知識，以及對於「何謂無我」的定義，是無法理解「無我」的。只有透過實修，親身體會過自己的欲火得以消滅、平息的感覺，以及充滿喜悅的感覺，方才能理解「無我」的感覺。因此，就算是從知識角度記住了「無我」一詞的解說，也不可能領悟「無我」。這就是佛教中所指的「智慧的修得」。

以上就是智慧的種類。

三、識與般若

1 三次元的知性與宗教的知性

「慧」一詞所表達的內容，有時也可以換作「般若」。常言道「般若的智慧」，「般若」一詞，是梵文「Prajna」的音譯。

對「智慧」進行深入地思考時，必須要加以區分的，即是「識」和「般若」這兩個詞。

「識」一詞，簡而言之，就是抱持著巨大的三次元力量的知性。當然，在三次元以上的世界當中，也存在著「識」。那是非常現實的知性，或者說世間比較通用的知性。世間常說的「會辦事」、「頭腦好」，就是與「識」相關的部分。也就是說，諸如頭腦好、思路清晰之人，以及學校的優秀人才等等的智慧，即是指這個「識」。

與之相對，「般若」相當於「慧」。如果說「識」是以「三次元的知性」為中心的話，那麼「般若」就是以「宗教的知性」為中心。「般若」可謂是以靈界的訊息、靈界的力量為背景的知性。

「識」也是一種知性的判斷、知性的力量，其具體內容包括鑑別能力、判斷能力，以及分析能力等等，這些能力是透過學校的學問所掌握的。進入社會後，即做為實際事務的能力、處理文件的能力等等，這也屬於非常有用的能力。這是在學校當中學習，並於進入社會後得以實際應用的能力。藉此，每個人會得到完全不同的評價，對於此人頭腦聰明與否的判斷，也通常取決於這種能力。若是每逢考試都能獲得滿分的類型，那就是這種能力相當高的人。

此外，大部分的「識」是以自我意識作為背景。「自己」的存在非常穩健，能進行自我認識，亦能仔細地觀察和分析他人。即從自己的立場出發，用自己的眼睛來認真地分析他人。

我認為西方的知性等，亦非常接近於這個「識」。在西方的大學裡學習，便能很好地掌握這樣的知性，並很容易獲得判斷力和分析力等等。因為有著這樣的學問根基，所以說西方的知性傳統，大部分是以這個「識」為立足點。

比方說，手指可以指向任何一個人，可以指出「A與B是不同的人」。然而，無論手指再怎麼努力，也不可能指向食指自己本身。食指無法指明：「這就是食指」。此處就存在著一種界限，自己的眼睛可以看清楚他人，卻看不見自己，這就是「識」的特徵。

再比方說，刀可以切斷物體，既可以裁紙亦可以砍人等，能夠切斷其他的各種物體，但惟獨不能切斷自己本身。對於其他的事物能夠發揮作用，但惟獨對自己無可奈何。這就相當於分析的能力、鑑別的能力以及判斷的能力。

與「識」屬於分析的能力相比，「般若」則更傾向於從關聯的方面、整體上來觀察事物，或者說統合事物的能力，進行統合認識的能力比較強。

若是進一步解釋「般若」的話，可以說般若很接近於洞察力，或是一眼看破事物的直觀力。

總而言之，「識」屬於分析、分類和區別事物的知性和作用。與此相對，「般若」則更強烈地傾向於統合性地觀看事物、觀察整體。

打個比方來說，般若就好比是燈火。不管是路燈的火、燈籠的火，還是蠟燭的火，總之，燈火都是透過其本身的光芒照亮四周。點上燈，房間就會變得明亮，而且它不僅能夠照亮房間，還有著照亮自己本身的能力。如果說「識」好比是手指和刀的話，那麼「般若」就如同於燈火，在照亮自己本身的同時，亦能夠照亮四周。

探討至此，或許各位的腦中已經浮現了「利自即利他」一詞。有一個教義是這樣講的：「首先要讓自己獲得覺悟，然後再廣佈自己的覺悟。」般若的思想似乎與這個教義是一脈相連的，因為「般若」亦有著讓自身發光的力量。

2 無我認識與善惡不二的立場

如果說「識」是以自我意識為基礎的話，那麼「般若」則是以無我的認識、或者說無執著的境界為基礎。也正因為是無我的境界、無我的認識，所以才能從自我以外的觀點去觀察事物。

反之，如果自我意識非常堅定的話，那就無法持有自我以外的看法。即只會從自己的身世、成長環境、所受教育，以及所處的社會地位等觀點出發，來觀察事物，而無法持有其他的看法。

就好比是一位公司的總經理，無法透過總經理以外的角度來看待他人，這是很普遍的情況。一般人是難以透過自己立場以外的觀點，來看待事物的，而且，如此看法會像黏膠一樣逐漸硬化。

不過，當達到無我的境界後，就可以脫離自我意識來觀察自己，或看待他人。正所謂「旁觀者清」，一旦提升到無我的境界時，就能夠脫離自己的立場，從而觀察自己和他人。因此，到達無執著的境界時，便能夠同等地觀察自己和他人，這就是般若智慧的表現方式。

另外，「識」具有非常強的區分善惡的能力。能夠明確地分辨「孰善孰惡」，這種能力本身非常重要，亦不容忽視。這固然是非常重要的，但在獲得般若的智慧之後，不僅可以辨別善惡，而且還能夠理解「善惡不二」，即「善惡其實是一體不可分的」。

譬如，從「識」的立場來看，能夠明確地區分「孰是善人、孰是惡人」。因此，各位也總是清晰地劃分出「孰善孰惡」，這就是「識」的立場。

然而，從「般若」的立場來看，卻並非是如此。般若的立場認為：「雖說人有著善惡之分，但惡人的心中也存在善的一面。而過去被稱為惡人的人們當中，也有人現在變成了善人，或是會在將來變成善人。另一方面，現在被稱為善人的人們當中，也包含著偽善、邪惡的部分。每個人都有著這邪惡的部分，甚至都有可能會變成惡人。」就像這樣，若站在般若的立場，便能夠從「善惡不二」的立場上來看待事物。

講到這裡，想必各位能開始看到愛的發展階段理論中的「寬恕之愛」了吧！六次元的「勉勵之愛」，比較接近於「識」的立場，即分析和區別事物，也就是上下觀、差別觀比較強。反之，般若的立場，則具有更強的平等觀。平等地看待萬事萬物，並將一切視為佛的生命，當如此的平等觀增強時，即為「般若」。

換言之，除非是獲得了般若的智慧，否則就不可能達到「寬恕之愛」的境界。「善惡不二」的立場，即從一切事物當中發現生命的躍動，並超越世間的善惡，從一切事物當中看到美好本質的視角，即是「般若」的視角。

因此，一旦獲得這般若的智慧，就會自然表現出「寬恕之愛」。即不管對方是什麼樣的人，都能夠看到這樣的姿態：「此人實際是做為佛子抱持著使命，如今正在努力地艱苦修行中。如此的平等觀，將會變得異常強烈。並且，那並非是機械的平等觀，而是建立在智慧基礎上的平等觀，看到所有的人都在美好地生活，且光輝閃耀著。」這就是般若的立場。

3 如實知見

用來解釋這般若立場的詞語之一，就是「如實知見」，其字面意義是「如實地瞭解和看待」。在「八正道」當中，它也是非常重要的詞語，即相當於「正見」的立場。

在佛教的教學中，常說「戒、定、慧」中的「慧」，與八正道中的「正見」和「正思」相關聯。所謂「正見」，亦即是「如實知見」。「如實知見」，是指「原原本本地看待事物」，也就是「從白紙的立場看待事物」。

可是，人總是抱有許多的成見，即來自生長的環境、教育、思想和信條等等，有著非常強烈的偏見。於是，就會透過帶有偏見的眼光，來看待各種事物。因此，在這種情況下獲得的知識，幾乎都是帶著執著和偏見的見解，故而稱不上蘊含著真正的智慧。

反之，原原本本地看待事物、從白紙的立場看待事物，即可得到正確的見解。「從白紙的立場看待事物」這個觀點，也可以說是「中道」的觀點，這種觀點是很重要的。這「如實知見」的觀點，與「般若」實際是一脈相承的。

藉由這般若的智慧來看待世界和人們時，就如同於照鏡子一般，能夠清楚地看到一切。在圓鏡當中，既映射自己，亦映射出他人和世界。般若的智慧，就相當於「觀」，或者是「知」，仿如照鏡子一般，能夠看清一切。

「識」的立場，是用頭腦進行判斷的感覺，即大腦發揮著巨大作用，高速運轉，並迅速地進行分析的感覺。當各位使用電腦時，就會有這種的感覺吧！

而「般若」，也被稱作「大圓鏡智」（用鏡子進行映射般的智慧）。換句話說，它更接近於用皮膚的毛孔，或者說全身來觀察事物的感覺。

比方說，在點亮燈光的房間當中，用眼睛來觀察的感覺相當於「識」的立場。那麼，將燈光熄滅以後，情況將會如何呢？在黑暗中待了一段時間後，漸漸就會對周圍的事物有所感覺。此時，與其用眼睛來觀察，倒不如應該用毛孔來感覺，用全身來感受一切的事物。「般若」就很接近這種感覺。而且，般若的智慧將逐漸轉化為用靈魂整體去感受的力量。

4 識是支撐般若的基礎部分

接下來，我想做出幾個與宗教的知性並無關係的假定。比方說，有一些理想的官僚，這些官僚的立場與識的立場很接近。也就是說，這些人具有非常強的分析能力，以及處理文件和進行判斷的能力。

另一方面，假定有一些理想的政治家，這些政治家富有非常敏銳的直觀力和洞察力，並總是在考慮如何才能統合人們、聚集全體人員的力量。這般的理想政治家的立場，就更接近於般若的立場。

因此，若是光從世間的ＩＱ（智力指數）來看的話，說不定官僚的ＩＱ平均值比政治家的ＩＱ平均值還要高。儘管官僚當中也有非常多的聰明人，但官僚卻只能受政治家的指揮，其原因就在於這種洞察力的差距。做為理想政治家的典範，就是具有能看透事物脈絡的見識力、掌握整體的統御力，以及時常從大局著眼進行「有利於整體利益」的判斷。換言之，官僚雖然在拚命地處理事務性工作，但在最後的決斷上，還是要交託給更高境界的人。這種感覺就很類似於「識」與「般若」之間的關係。

若從宗教的角度來講，這就好比是研究宗教的學者的立場，與親身實踐的宗教家立場的不同，即相當於「識」與「般若」的不同。

宗教學者閱讀和鑽研宗教的書籍，只是為了深究宗教的理論性。譬如說，研究宗教的理論「是否合乎邏輯」、「教義是否有整合性」、「話語是否嚴謹？」等等，但宗教家卻並非如此。他們的分析不一定很嚴謹，話語也未必合乎邏輯。但宗教家只講述對方所需要的內容，所以會對不同的人講出不同的話語。昨天講過的話，或許會與今天講的自相矛盾。但是，站在學者立場上，是不會發生這種事情的。

那麼，宗教家為何會講出那些自相矛盾的話呢？那是為了拯救對方、幫助對方，或是努力讓對方得到解脫，從這樣的觀點出發，只講述了對方所需要的內容。從這個意義上講，如果自我意識很明確的話，那確實會感到矛盾。但是宗教家是以自他一體的觀點，來考慮全體的幸福，所以從世間的角度，乍看之下有矛盾的言行，從整體上來看，卻是堅實地朝向著一個目標前進，這就是兩者立場的不同。

因此，宗教學者在研究宗教時，往往只傾向於進行邏輯分析，但這並不代表他們徹底理解了宗教。然而宗教家卻不是這樣，他們總在思考「如何才能引導他人」，所以結果良善就可以了，若結果是拯救了眾人的話，那就足夠了。為此，宗教家就要始終保持熱情，不斷重複著挑選出本質性內容，並將其它的內容排除。

好比說，官僚只會按照「依循過去的事例和法律，應該這樣做」的一般思維，進行墨守成規的判斷。與此相對，「法律上如有不妥，就只能更改法律了」，能夠做出這種判斷的，就是政治家。即便過去曾這麼做過，今天也未必只能照做。更明確地說，這就是「識」與「般若」的不同。

不過，在此我想提醒各位，切不可因為「般若」的立場在上，所以就忽略「識」的部分。寺廟的僧人等，反覆地進行著如此的般若修行，卻疏遠了世間的凡事，結果就是因為這種疏遠，而使其救濟能力逐漸荒廢。因此，若把整個知性比作肉體部位的話，「識」就相當於腰部、腿部的部位。當腰腿無力時，頭腦也會變得不靈活。各位須知，腰腿的強弱，亦將直接影響到般若的作用。

此外，具有宗教性人格，以及喜好瞑想的人，總是容易失敗，且煩惱較多。而且，大多是因世俗之事受挫。對於一般人來說，明明是顯而易見的事情，他們卻因為不知情而遭受失敗。隨之，又製造了各種糾紛導致悶悶不樂，因無法擺脫煩惱而痛苦不堪。

然而，一旦有了世間的智慧，就能夠迅速地解決許多問題。本來明明可以指出「啊！那是因為這裡不對」、「就是因為某人在心懷不軌」等等，卻因為過於拘泥於宗教的立場，所以分不清事理，反而擴大了煩惱。

因此，絕不能完全地捨棄「識」的立場，而是必須要認識到「識是支撐般若的基礎部分」。

5 般若與智

「智慧」一詞，可以分解為「智」和「慧」兩個字。那麼，從嚴格的意義上來講，這兩個字有差異嗎？如果說「慧」是般若（梵文「Prajna」）的漢譯，那麼「智」又是指什麼呢？

對於這兩個字的差異，有人進行了細緻地分析。

事實上，「智」與「慧」幾乎是完全一樣的意思。但嚴格地來講，慧的部分、般若的部分，具有探求的特質。譬如求知的力量、想要見識的力量、以及想要觀察和探求某對象的力量等等，般若中具有這樣的力量，而且，帶有積極的力量。

與此相對，「智」本身並不具備強烈的探求特質，也不具備積極性。而

「智」，則是對般若活動的結果，即所獲得的真理進行確認。

總而言之，「先出現慧的作用、洞察的作用和直觀的作用，對於其結果所獲得的訊息，進行確認和理解的工作，就是智」。般若，具有積極性和探求的特性；智，則是以靜態的立場為中心，對於結果進行判斷和理解。

不過，兩者均包含著對於真理的洞察。

以上，講述了慧的種類、識與般若，以及般若與智的內容。

四、世間的觀點與靈界的觀點

1 做為斬斷煩惱之力的般若智慧

在本章的最後，我想要講述「世間與靈界的觀點」。

「無常」、「苦」、「無我」和「空」等詞語，皆是佛教中的重要用語。無論哪一個詞，都無法當做世間的知識或訊息來進行理解。這覺悟的詞語，僅憑世間的知識是無論如何也理解不了的。為了理解這些詞語，就必須要開拓宗教的境界。若是缺乏這樣的洞察力，或是不相信靈性的世界，那絕不可能理解和掌握。

歸根究柢，獲得般若的智慧，就是為了藉此掌握「無常」、「苦」、「無我」、「空」等宗教覺悟用詞的涵義。

那麼，究竟為何要知曉「無常」、「苦」等涵義呢？

的確，從世間的角度來看，即便被告知「世事無常」，也是無法理解的。桌子做為桌子，是確實存在的；自己做為自己，亦是確實存在的；他人做為他人，還是確實存在的；物質還是物質，確確實實地存在著。那為什麼說這些是無常的，又說「世事無常」呢？

事物的形成都有其原因，但滅亡卻不需要理由。一切事物都帶有這樣的性質，即任其發展的話，一切都必將走向滅亡。事物的存在本身，就包含著滅亡的性質。

以一張桌子為例，桌子也並非是永久存在的。等到某個時間點，它必定會從世間消失。當桌子可以用來放置筆記、書本，供人們讀書和寫字使用的時候，可將其稱為桌子。但一旦無法使用的話，它就不再是桌子，而將會變成木料，或者是薪柴了。

用木頭建造的小學老校舍，總有一天會被推倒，而重建成鋼筋水泥的房屋。屆時，桌椅組合在一起的舊木桌，將會全部被拆除並搬出校園。如此一來，小學生們過去所認為的「書桌」，就會變成焚燒的木材。

就像這樣，世間的一切事物都不是永恆的，而是無常的。然而，僅憑世間的眼光來觀看，是無法理解這個道理的。在他們的眼中，只能看到桌子還是桌子、椅子還是椅子、黑板還是黑板、燈光還是燈光，除此之外什麼也看不到。可是，這其中還帶有變化、遷移，以及必然走向滅亡的要素。對此，僅憑世間的知識是無法理解的，還必須有靈性的洞察力。只有站在般若的立場時，方才能領悟到無常的真意。

再譬如「人在降生到世間之時，是從靈界轉生而來的」，這一點也是再怎麼進行世俗的解釋，也難以讓人們理解的。即便是專門學過醫學的人，也同樣無法理解。對於人寄宿於母體之事，若是從懷孕時開始的事情，醫生一般還能理解。至於這之前的事情，無論費多少口舌，他們都完全不能理解。既不能說明，也無法理解，所以還必須要有般若的智慧。

此外，對於「世間是痛苦的」之理解，也是一樣的。多數人都認為世間是充滿喜悅，是歡樂的地方。但從神聖的立場、靈性世界的角度來看，世間其實僅有著痛苦而已。對於這「苦」的立場，也必須要持有般若的智慧，才能夠理解。否則，就完全無法理解「苦」，甚至還會反駁「飲酒不是很快樂嗎？年輕人一起玩樂不是很開心嗎？大家明明過得這樣快樂，為什麼說不行呢？為何硬要說這是苦呢？」或許還有人會認為「將自己想要的東西弄到手，這有什麼不對？滿足欲望有何不好？尋求快樂不就是幸福嗎？」可是，從靈性的角度來看，這種想法確實存在錯誤。

譬如說，如果男性縱欲矯情的話，那麼見到美女就會想得到手。然而實際上，這樣只會導致家庭破裂，造成許多痛苦，甚至於日後遭受意想不到的不幸。

到了這種地步時，此人才開始反思「我到底做錯了什麼呢？」但是從智慧的立場來說，從一開始就已經知道了這樣的結果。雖然有智慧之人早就知道「這樣做，你就會變成這樣」，但對於缺乏洞察力、缺乏看透事物道理的人而言，卻一直認為「這是一種快樂」。明明有人在提醒著「這樣會導致痛苦」，可是當事人卻完全不能理解這一點。即便是在世間的快樂中結束了人生，回到來世、靈界以後，那就將會變成痛苦，這種情況也是存在的，但無論重複強調多少次，此人還是不能明白。

不理解「無我」之人，也是如此。對於「空」，同樣也是難以理解。

如上所述，為了理解覺悟的詞語，「般若」的智慧也是非常重要的。之所以需要理解覺悟的詞語，是因為透過知曉這些詞語及其涵義，就會產生斬斷煩惱的力量。般若的智慧，就是作為斬斷煩惱的力量而顯現出來的。

世間的欲望，源自於「自我存在」的意識。從自我的意識中，將產生我欲，進而導致自我膨脹。於是，由此將產生痛苦、煩惱，甚至於嚴重的後果。但是，一旦站在般若的立場上，這一切都將會消失。如此這般，斬斷煩惱的力量即會顯現出來。

2 苦樂中道與般若的智慧

在《覺悟的挑戰》（下卷）的第一章中，我曾講述過「苦樂中道」的內容，即「在極端的修行中，無法獲得覺悟；在世間的享樂中，也無法獲得覺悟。真理只存在於中道之中」。這個中道的思想，到底來自何處呢？當初釋迦選擇中道的理由，就在於「為了獲得般若，就必須進入中道」。

請各位看看極端的瑜珈修行，比如，整天飽受瀑布的拍打，究竟能夠獲得什麼樣的智慧呢？又比如，在印度的修行者當中，有人睡在荊棘之上，試圖透過「臥荊耐疼」，尋求「解脫」。還有人埋身於泥土當中，或是潛於水中停止呼吸等等，這樣的修行者不在少數。但是，我希望他們認真地思考：「透過折磨肉體的修行，真的能夠獲得智慧嗎？」

實際上，各位獲得深刻的洞察力、直觀力的時候，並非是那般痛苦的狀態下，而是處於放鬆的狀態下吧！當全身放鬆，己心處於和諧、光明、溫暖、自由自在的，這種接受的、被動性的狀態下時，才能夠獲得智慧。靈感、靈性的直觀等等，通常是在舒適的狀態下獲得的，因此，智慧並不是在那種激烈的修行中獲得的。

可是反過來，若是貪念世間的快活、沉溺於世間舒適的生活，而忘記修行的話，人的精神力就會逐漸衰弱。當意志力逐漸衰弱時，就會喪失獲得覺悟的力量。若是一味地度過心滿意足的舒適生活，而忘記修行，使意志力走向衰弱的話，那也將無法獲得覺悟。因此，修行是必須的。雖說不可進行折磨肉體那般的苦肉行，但是為了增強精神力的修行還是十分必要的。

要依循戒律、進行自律，並堅持每天認真學習真理知識。在某種程度上，要鍛鍊身體，而且刻苦勤勉，培養克己的精神，這樣的修行非常重要。正因為有了這樣的修行，才能夠提高精神境界，從而獲得覺悟。

然而，一旦使肉體遭受了過度的痛苦，此時就無法獲得放鬆狀態下才能獲得的智慧。

總之，在適度的修行、適度的休息中，才會出現偉大的智慧，般若才會在此出現。「中道」，就是從如此極為現實的立場上獲得的。

在極為奢侈的生活當中，不可能獲得覺悟。此外，一味地折磨肉體，在痛苦之中，在激烈的痛楚之下，就只能想到忍受肉體痛苦，又何以產生智慧呢？若非在瞑想狀態下，即心靜而平穩、洋溢著喜悅的狀態下，智慧是難以迸發出來的。只有在這樣的狀態下，才會湧現出洞察力，才會湧現不分彼此、一視同仁地觀察一切的智慧。

第六章

解脫的意義

一、解脫與涅槃──自由與和平

本章將就「解脫」一詞的涵義及其相關內容，進行詳細地說明。

我曾在一九九二年的「愛爾康大靈慶典」上（十二月二十五日於東京巨蛋舉行），於法話「覺悟的時代」當中（收錄於《信仰告白的時代》，幸福科學出版發行），使用了「信解脫」、「慧解脫」等比較難理解的用詞。對此，想必有許多人都抱持著一些疑問，故本章的主題，就是希望各位能夠在一定程度上理解，解脫究竟為何物。

在《覺悟的挑戰》（下卷）的第三章，我曾講述過「何謂涅槃」，但對於

「解脫與涅槃之間，到底有著怎樣的關係」，我想仍有許多人並不瞭解。

當然，「解脫」即是指擺脫煩惱的束縛，回到處於實在界時，安穩平靜的內心狀態。因此，可以說其涵義幾乎與涅槃毫無二致。

然而，嚴格地來說，「解脫」是指朝向「涅槃」前進的過程，也就是追求「涅槃」的過程。而「涅槃」，可謂是獲得解脫以後所呈現的境界。

此外，還可以從各自所指的境界來解釋這兩個詞，即「解脫」是指「自由」，而「涅槃」則是指「和平」。換言之，從三次元的、世間的、物質的種種束縛中解脫出來，獲得自由，即稱之為「解脫」。做為這般自由的結果，所獲得的和平、安寧、平靜的內心狀態，則可稱為「涅槃」。我認為可以做如此定義。

二、信解脫——「疑」的克服

上一節闡述了「解脫，即是獲得心的自由」，接下來，我想從真正的宗教的立場出發，探究「獲得心的自由」的具體內容究竟是什麼。

首先，第一個要舉出的即是「信解脫」，它是指「透過信仰心獲得解脫」。人們常說，這個「信解脫」的中心課題就是克服「疑」。

所謂「疑」，即是指對於正確的佛法真理，或者是說法的佛陀、如來持有懷疑之心。因此，解除三次元世俗的疑惑和猜疑之心，否定懷疑之心，從而相信佛法真理和佛陀，則相當於克服了「疑」。

由此看來，首先可以做出以下分析。

那些不相信正確的宗教、不相信真實佛陀之教義的人，亦可被分為兩種不同的類別。一種是毫無宗教心的人，即他們完全沒有宗教情懷，根本不相信宗教，更不相信如此教義的存在。或者說，他們完全不相信靈界、佛神，以及靈魂等的存在。這種人冥頑不靈，從靈魂的角度來看，他們無疑是蒙上了厚厚的汙垢，進步相當緩慢的靈魂。因此，對於抱持持無神論、唯物論思想的人，我們必須為其解答疑惑。

另一種則是相信佛神、信仰宗教，卻深陷於錯誤宗教當中的人，也就是為「惡靈型宗教」所侵蝕的人。世間仍有不少人信奉著「邪見」，即錯誤的教義，或者是堅守著「戒禁取見」，也就是錯誤的修行方法和戒律等等。

當這些人意識到自己的錯誤，決心皈依並追隨真實的佛陀教義，且想要提高自身的覺悟，當這種心境穩定下來時，即可稱之為「信解脫」，也就是透過信仰心獲得的解脫。

換言之，就是掃除了世俗的懷疑，以及錯誤的宗教所帶來的「惡見」，並踏上了朝向佛的方向，徑直前行的道路。這也可被稱作「預流」，是通往覺悟的第一階段。進入了正確信仰的體系當中，也就是獲得了「信解脫」。

此時，或許有人會認為「只要單純地相信就行了」，然而，僅僅是相信的話，確實有些不夠。因為每一個宗教都在強調「信仰」，所以即使是有宗教情懷的人，曾在他人的推薦下，選擇了自己的信仰，但不久過後，由於其他宗教的出現可能又會改變自己的信仰，這樣的例子可謂是不勝枚舉。因此，在這個「信解脫」的階段，也需要一定程度的智慧和知識的理解。也就是說，至少要有對於真理的最低程度的理解能力，能讓自己信服「這是正確的教義」。

譬如，幸福科學主張「為了達到信解脫的境界，必須閱讀幸福科學的書籍十本以上」。這是因為僅是聽到了「佛陀再誕了」、「好棒啊！我相信」，還無法達到「信解脫」的境界。為了達到真正的「信解脫」，就必須要在一定程度上自己加以理解，並確信其真實性才行。當認真地讀完十本左右的基本理論書籍之後，進而認為「如此教義是正確的，自己亦聆聽過講演，可以信服，所以決心追隨這個教義。聚集於這個教團的人們，也都是很棒的」，方才加入教團的人，其信仰心就會比較堅定。我認為這種程度的智慧，如此依循著「慧」的基礎部分，對於達到「信解脫」也是非常必要的。

若套用之前「何謂戒律」的內容來解說的話，「信解脫」即是以「三皈五戒」為中心的階段。也就是決心遵守戒律，或者說依循幸福科學的規則度過生活的階段。在這個階段，人們能夠擺脫來自惡魔或惡靈等的絕大部分誘惑。

三、定解脫——克服物質的波動

「信解脫」的下一個階段，即是「定解脫」。「定解脫」這個詞並非是一個固定用詞，意為透過入定獲得解脫，也就是「透過禪定、精神統一獲得解脫」。這相當於「戒、定、慧」當中的「定」的部分。

透過信仰，可以達到從錯誤的見解中解脫出來，獲得自由的境界。但進一步透過禪定、精神統一，即瞑想和反省等「定」的實踐，就能夠抑制錯誤的想法和內心的波動等，使己心獲得自由，從而達到自由自在的狀態。

換言之，「定解脫」可謂是讓人心從世間的物質性波動、三次元的爭鬥、憎恨、欲望的波動等等解脫出來，達到安寧平穩、自由自在的狀態。

不過，其內容有著難以理解的部分。「定解脫」有其階段性，我曾在一九九二年的「誕生慶典」（七月十日於東京巨蛋舉行），於傳授儀式中講述過「四禪定」。以「四禪定」為開端，在此之上還有「無色界」的禪定「無色界定」（在幸福科學的教義中，相當於菩薩界上層階段以上的世界，亦稱「四無色定」），其中又區分為四個階段（即①空無邊處定、②識無邊處定、③無所有處定、④非想非非想定之四個階段，這雖是佛教經典中流傳下來的內容，但嚴格來說，與幸福科學所講述的覺悟階段並不相互對應。但是，可將其理解為梵天、如來的覺悟階段）。

再往上的最高階段，則是所謂的「滅盡定」，即脫離了世間的一切思考和波動，從而與自由自在的、大宇宙的生命融為一體的禪定境界。（可將其理解為與太陽界的覺悟、宇宙即我的覺悟幾乎相同的境界。）

不過，這些內容難度很大，本書就不進行過深的探討。

就像這樣，在「信解脫」之後，就是透過禪定的實踐而獲得內心自由，即「定解脫」。但這個「定解脫」當中，也有著從初級到高級的不同階段，其層次差別很大，其程度當然也不是很低。

做為適合初學者的定解脫來說，透過實踐本書所講述的「五停心觀」那般的入定方法，也能夠使己心回到自由的狀態，並在一定程度上，獲得內心的和平與安寧。

四、慧解脫——無明的克服

第三個要列舉的是「慧解脫」，即透過智慧而解脫。

這個解脫的中心課題在於「克服無明」，若是知道真理知識，就不會迷惑、犯罪、失序或犯錯，其結果就是心中不會產生毒素。但正是由於不知真理，人們才會被捲入形形色色的糾紛之中，為世俗之事而苦惱、煩悶，內心產生動搖，進而失去了心的自由。但此時，藉由獲得真理的智慧、真理的知識、深度的知識，便能夠斬斷這些名為迷惑的束縛，從而獲得心的自由，這即稱為「慧解脫」。

此外，「慧解脫」當中包含著非常理性的一面，所以亦可被稱為理性的解脫方法。如果說「信解脫」可以視為向眾人敞開的大門，那麼這個「慧解脫」就必須要有一定的思維能力，否則就難以實現。從這個意義上來講，「慧解脫」進入了專門的領域，是具有一定領導責任之人所必修的解脫方法。

對此，我亦曾講述過「無常」、「苦」和「無我」等等的教義。要知道「世間是無常的」、「我實際是不存在的，本來無我」，其結果就會覺悟到：「原本自以為是喜悅和快樂的三次元喜悅和快樂，其實是『苦』，是痛苦。從死後的靈性角度來看，那些全部都是苦。但身在苦中卻不以為痛苦，反以為喜悅的想法，就是三次元人類的迷惑。從實在界的靈性知識來看，世俗的行為是完全錯誤的。明明是漸漸走向毀滅的方向，卻有無數人將其當成是喜悅，真不該如此啊！為了讓自己的靈魂獲得真正的進化、向上，就必須捨棄世俗的錯誤見解，依循著真理而行動。必須基於那般判斷，嚴以律己才行。」這種理性的覺悟，即稱為「慧解脫」。

這也是一種踏實的力量，如果牢固地掌握了以靈性洞察力為基礎的知識，並以此為基準進行思考、言語和行動的話，那它就能夠成為人生的指南針。

換言之，為了脫離和克服無明，有著如此「慧解脫」的方法。當然，為了達到這個目的，還必須要有相當的知識和經驗。「慧解脫」也是有深度的，特別是當提升到前一章所說的，獲得了「般若的智慧」時，就可說是達到了相當高的水準了。換言之，到達「慧解脫」的狀態時，可謂是已經進入了「阿羅漢果」的狀態。

以上，講述了信解脫、定解脫、慧解脫等三種解脫方法。接下來將進一步拓寬領域，進行深入的探討。

五、心解脫——欲望的克服

至今講述了透過信仰、入定以及智慧，從而獲得解脫的三種不同解脫方法。然而，是否有著某種方法可以涵蓋上述這些方法呢？此時，就出現了心解脫的問題。

譬如，透過智慧獲得解脫的「慧解脫」，是藉由頭腦方面，即透過靈魂當中「心」的領域之知性判斷的部分、理性的部分，從而獲得解脫。然而，稱為「心」的部分，並非僅侷限於理性，它還包括了感情、意志等更廣泛的部分。

不只侷限於理性的、大腦的運作，若是藉由「心解脫」一詞，來表達讓整個心獲得解脫的方法的話，那麼這個詞就有著更為廣泛的意義了。

不是僅憑藉知識的、理性的判斷來斬斷煩惱，而讓己心變得自由自在的解脫方法，也是有可能存在的，其結果亦能克服三次元的各種欲望。

那麼，這個「心解脫」到底是什麼呢？

前面我曾講過，「慧解脫」可以說是差不多進入了阿羅漢果的階段。在此之前，透過信仰獲得解脫，即「信解脫」是從預流的階段開始的，所以從幸福科學的思想來說，那是相當於五次元的上層階段。也就是說，因相信而加入幸福科學的人們，以及在一定程度上閱讀過幸福科學的書籍，確信這是真實的佛陀之教義後，決心修行而加入教團的人們，從一開始就已經達到了五次元上層階段的境界。

在此之後，若是堅持學習真理知識，並能夠依靠這種理性的力量克服各種煩惱的話，那就說明其六次元的覺悟已得到了大幅度提高。當然，並非僅有六次元可被稱為慧解脫，但慧解脫大部分的中心存在於六次元階段。

此外，心解脫還有可能超越六次元阿羅漢的境界。若其境界也含括了五次元、六次元、七次元的覺悟範圍，那麼「心解脫」也必須含括菩薩的境界。

那麼，所謂「菩薩的境界」，到底是包含怎麼樣的境界，心才會變得自由自在呢？

其一是幸福科學反覆強調的「愛」的教義，即以「施愛」開始之深度的愛的教義。不是「奪愛」，而是「施愛」。

「奪愛」，即是執著。佛教從過去就否定做為「奪愛」的「愛」，而我現在所講述的「愛」，是指「施愛」，意味著「慈悲之心」。各位須懷抱著這種寬廣的慈悲之心、使他人獲得幸福的慈悲之心，如此不求回報的愛之心而度過生活。

並且，這也是將一切視為「空」的心。能夠做到如此境界的人，即表示此人有著如此光明莊嚴的想法：「雖然我現在生活在世間，但世間所顯現的所有現象，全部是藉由佛念而暫時顯現出來的姿態，那並非是本來的姿態。我們是來往於四次元以上的實相世界與世間之間，不斷地經歷輪迴轉世。一旦瞭解了這個虛幻的世間所呈現出來的『空』之實相，以及一切皆是藉由佛光而顯現的現象，就會為了把世間打造成更美好的世界而努力。」

當獲得了這種思考方式後，就不會透過「世間是無常的、空的，或無我的」這般的分析性智慧而獲得解脫，而將會湧現出更宏大的、廣闊的寬厚之心。也就是，不會出現想要逃避俗世，獨自一人藏在深山，透過坐禪來獲得覺悟的心念，而是會興起想要回到城鎮，在都市中廣布如此覺悟的心念。透過這般的豐盈之心而獲得解脫，我想將其命名為「心解脫」。

如此一來，就有可能會存在這樣一種解脫，它既包含著「慧解脫」當中的理性和知性，亦包含著除此之外的感情和意志，以及有著更深刻意義的悟性。

換言之，做為七次元的解脫，在包含著透過信仰、透過入定以及透過智慧而獲得解脫的同時，為了將世間打造成更美好的世界，不執著於對於自己本身的自愛，從而達到一種想要拯救一切眾生，宛如溫暖透明的清風般的（也有著「愛宛如風」的說法）境界，藉此獲得的解脫，正是「心解脫」。

六、俱解脫——煩惱障和解脫障的克服

除了以上講解的解脫以外，在傳統的佛教思想當中，還存在著「俱解脫」。「俱」意指兩件事物交織在一起，當透過智慧獲得的解脫，即「慧解脫」，與透過入定獲得的解脫，特別是曾體驗過最高境界的入定，即「滅盡定」後的「定解脫」，兩相結合起來時，便出現了「俱解脫」。

這種解脫是為了克服因煩惱而產生的障礙，以及因禪定而產生的解脫之障礙等，也就是為了突破凡人的禪定極限而出現的解脫方式。

對於一般人來說，是很難獲得這種解脫的。然而一旦獲得解脫後，就將會

處於以下這般的狀態：首先是獲得了智慧，掌握了阿羅漢果，即六次元上層階段以上的真理知識，藉由這般知識的力量，從而能夠解決世間的各種問題，達到既能為自己亦能為他人解決問題的境界。若是進一步深入禪定，並漸漸地瞭解到自己的真實姿態，即可自由自在地往來於本來的世界。

此外，若是進入了稱為「滅盡定」之最高境界的禪定，就可以體會到與大宇宙的生命融為一體的境界。

這不同於對在世間有著手、足、軀體、眼、鼻、口等的自我認識，而是自己本身與大宇宙融為一體的禪定體驗。

就像這樣，獲得「佛陀之悟」的境界，亦可稱為「俱解脫」。

將「滅盡定」與「慧解脫」結合而成的「俱解脫」這個詞，在佛教經典當中也有記載，然而，解說者本身並未親身經歷過，所以並不十分理解其涵義。

實際上，「俱解脫」的意義是「透過禪定，將所學到的真理智慧付諸於實踐，一方面讓實踐與學習合為一體，一方面又攀升至最高階段」。

七、五分法身（戒、定、慧、解脫、解脫知見）

以上稍微涉及了一些比較難的內容，講述了信解脫、定解脫、慧解脫、心解脫，以及做為特殊思考方式的俱解脫。

所謂解脫，歸根究柢就是指「獲得覺悟的方法」，即「如何才能獲得覺悟」？正如覺悟的定義有著高低之分以及多樣性一樣，與此相應，解脫也有著各式各樣的對應方式。

讓我們再來複習一下，「為什麼需要解脫」。那即是因為靈魂宿於肉體，在世間度過生活的過程中，常會漸漸忘記本來的世界，從而受到來自世間的思考方式、價值觀以及肉體煩惱的束縛，最終陷入心發狂的狀態。為了回歸到本來的姿態，所以才需要這般的宗教知識和修行方法。並且，回歸到本來的心的狀態，這種的自由的狀態，就稱為「解脫」。

因此，三次元所指的「自由」，實際上大多是與此相反。這種物質的、肉體的、以及煩惱的自由，是與真正的自由正好相反的。所謂真正的自由，是體現了實在界價值觀的自由，是從靈界的角度來看亦能獲得認可的自由，是過著如此生活便可直接回到天國的自由。獲得這種自由，即稱之為「解脫」。

當然，由於每個人的根機各有不同，所以每個人被要求，或者說被允許的解脫程度是不一樣的。

對於初學者來說，首先最重要的就是達到「信解脫」，即掌握正確的信仰。沒有信仰心的人，甚至可以說是「尚未變成人，與動物毫無差別」。

並且，即便是抱持著信仰心，但若是深陷於錯誤的信仰，並熱心地參加各種活動的話，那就等於是拿到了直接開往地獄的車票。不僅是自己拿著通往地獄的車票，還在街頭向他人散發這種車票，進行著錯誤之事。因此，這「信解脫」的法門是非常寬廣，且至關重要。

當然，這是從初步的部分做起，亦非通往非常深奧境界的道路。那麼，這個信仰的部分，能夠通往何處呢？隨著信仰佛的心念增強，此人與佛之間的距離就將會逐漸縮短，所以說「信解脫」之道路亦是非常尊貴的。

其次，透過禪定的實修，調整己心的波動，飽享自由，並於其中感受佛光。

再次，透過學習智慧，達到「慧解脫」。藉由獲得如此「智慧」，解決各式各樣的問題，從而獲得不迷惑之心。

此外，還可以獲得含括一切的「心解脫」、心的解脫，達到靈魂的中心部分獲得解脫的境界。

再往上，則是最高境界的禪定，與智慧混合而成的「俱解脫」。這個俱解脫，有時還可以用作「心解脫」的同義詞。

以上，對各式各樣的解脫方法進行了講解。與此同時，還有著「五分法身」的思考方式。那就是分成五個的法之身，即構成如來的五個要素——「戒」、「定」、「慧」、「解脫」和「解脫知見」。

「戒」，是指遵守戒律的禁欲生活方式。「定」，是指精神統一。「慧」，是指經過前二者後所獲得的結果，即基於知識和經驗上的深刻洞察力。透過使用這戒、定、慧，使自身從種種的煩惱中解脫出來，即可獲得「解脫」的體驗，並獲得這種自由。最後，知道自己獲得了解脫的事實，可稱之為

「解脫知見」，即「正確地看待自己」。從第三者的角度，看到自己已經獲得了解脫的狀態。

不過，這個「解脫知見」也是極難實現的。其他的宗教，也有很多地方講述著解脫的內容，還有人宣稱「自己獲得了『終極的解脫』」，但事實卻根本不是如此。那些自稱已經獲得解脫的人，多數都是在山中修行時，被動物靈或是魔王、修行者的亡靈等附身而已。也有人聽到靈的聲言，就誤以為自己獲得了解脫。還有人一味地進行禪定，發現自己的脈搏變慢、新陳代謝變慢，或是能潛在水中停止呼吸數分鐘等，便立刻以為自己獲得了解脫。

然而，解脫是為了獲得內心的和平，不拘泥於世間束縛的自由境界，因而必須覺悟到這終究還是心的問題。釋迦牟尼曾在《阿含經》中，留下了對肉體修行者的嚴厲評判：「如果說僅僅是沐浴了恆河之水，便能夠洗清自身的罪孽與污穢的話，那麼所有的青蛙都將轉生到天國世界、水中的魚也都能夠成佛了吧！」就像這樣，被邪教所誤導，而錯誤理解了「解脫」之意的人們，必須要再次從頭開始掌握其真意。

為了提升自己，必須度過禁欲的生活，時常保持內心的平靜，並獲得正確的智慧。並且，即便是遭遇到任何問題，都能始終不忘天國之心，自由自在地解決問題。做到了這一步，才能稱得上獲得了「解脫」。

此外，自己能夠看清這一點也是很重要的。此時，若是產生了驕傲自滿的情緒，就將難以辨清自己是否已經獲得了解脫。更有甚者，有些人相信自己「獲得了解脫」以後，就誤以為「自己沒問題了」、「自己做什麼都沒問題，自己是被容許之人、特殊之人」。

因此，各位須時刻保持謙虛之心，首先遵循著戒、定、慧的順序，逐漸品味到心之自由的解脫感。此時，還須知道自己現今已處於解脫的狀態，培養如此眼光，亦是非常重要的。

若能在真正獲得解脫後，持續著這種狀態的話，心就將自由自在地與靈天上界相通，並始終沐浴在來自守護靈和指導靈的慈光之中。即能夠品味到己心漂浮起來、變得輕盈，而感到舒適愜意的心情。反之，若是有著強烈的被害妄想，或是對於他人的攻擊意識過強的話，那就稱不上是處於解脫的狀態。只有獲得真正的幸福後，亦十分享受的狀態，才是解脫的狀態。此外，這個詞與「覺悟」一詞還可以相互置換，所以說其內容也確實不容易理解。

希望本章的內容，能夠成為各位深入覺悟的一個契機。

第七章

何謂魔

一、釋迦降魔成道

截至上一章為止，我對「三學」和「五分法身」（戒、定、慧、解脫、解脫知見）的覺悟本道，進行了論述。如果依照這些理論繼續深入修行，就能夠進入通往覺悟之道，並且成就覺悟。但此時，還存在著一個問題。

那就是本章的主題，即「何謂魔」。若是在毫無干擾的環境中，極其自然地修習為佛弟子準備好的「戒、定、慧」等三學，並走在通往解脫之道，那似乎是沒有什麼問題。然而，世間之事總是難以如願，修行過程中往往會遭到外界干擾。並且，當此人的修行程度還比較低的時候，還不會遇到太多干擾，然而，一旦處於「即將覺悟」之際，便常常會遭逢前所未有的妨礙，這就是「魔」的問題。

這既可以稱為「魔」，亦可被稱為「惡魔」、「魔王」、「撒旦」等各種不同的名稱。「魔」一詞，是源於梵文「魔羅」（mara），也就是「惡魔」的意思。

歷史上的「降魔成道」，說的就是釋迦在菩提樹下開悟之際，正當要獲得最終的大悟時，惡魔便出現了，並且施以了各式各樣的誘惑和攻擊，竭力阻止釋迦大悟。這一點已做為歷史的事實，一直流傳至今。

然而在現代，雖然人們還將此當作傳奇故事來閱讀，但絕大部分人都不相信靈界的存在，更不相信恐怖片中那般的惡魔會出現，遂行各式各樣的阻礙行動，而只是半信半疑地聽故事而已。在研究佛教的學者當中，也有人只將其當作傳奇故事理解。

此外，還有人認為：「為了阻礙釋迦的成道，即大悟，而突然出現的惡魔，實際上正是釋迦本身的內心糾葛，釋迦將煩惱稱為魔。」

二、魔與「色、受、想、行、識」

當閱讀《阿含經》等佛教經典時，確實有幾處透露著這樣的意思。譬如說，當釋迦被問到「何謂魔」時，回答道「魔，即是色、受、想、行、識」。

「色」，是指肉體。雖然肉體所處的物質環境，也可以稱之為「色」，但通常「色」都是指肉體。

「受」，是指感受性、感受力。也可以說是感覺器官，或者是神經作用，這即是「受」。

「想」，是指想法，即表象作用，亦即鞏固想法的力量。對於憑藉感受性所獲得的感覺，自己會怎樣想，怎樣將其表象化，即由外表顯露出來，這種作用即是「想」。

「行」，是指意志，或者說決斷、執行。簡而言之，人有著肉體，以及與之相隨的感覺器官。當感覺器官捕捉到某種感覺時，對於這種感受，形成自己獨特的印象或想法即是「想」，而「行」則是對此產生某種的「意志」。當心中的想法逐漸成熟時，就會產生「該對此採取何種行動」的意志。當心中的意志明確以後，身體也自然會有所表現，進而付諸於行動，這就是「行」。

最後的「識」，是認識的識。即人有著肉體，以及感覺器官，所以會對外界的各種資訊、事件等做出自己的判斷，並採取行動。之後，觀察如此過程的自己，進行價值判斷，對此自己如何評價，如此思考方式、精神作用，即為認識的「識」。

比方說，從外面飛來了一個足球。當球打在自己的身上時，會產生「疼痛」的感覺，這就是「色」、「受」。隨後，在「想」的階段上，就會開始思考「被球擊中的受傷部位，可能會變得紅腫起來」。接下來，做為「行」、意志的作用，則會根據自己的判斷，採取一系列的意志行動，譬如「必須冰敷紅腫的部位」、「必須去醫院檢查」、「必須要敷藥」、「必須要綁上繃帶」等等。最後，做為「識」即認識力，將對其結果進行綜合的判斷：「剛剛已經冰敷了，狀況並不是很嚴重，大概不到一個小時就會消腫吧！從總體上來看，僅是被足球砸了一下而已，不會有什麼生命危險的。」

如上所述，光是以足球飛來打在身上，人會如何應對的一系列活動為例，就會涉及到「色、受、想、行、識」的五個問題。

當然，這是最基本的簡單說明，但與此相同，在漫長的人生過程中，人們會遭遇到各式各樣的問題。譬如肉體上的疾病、事業上的失敗、戀愛和婚姻問題上的失敗，或是修行方面的停滯不前等等。總之，人生的種種課題將會接踵而來。

在這個問題上，當然也存在著「色、受、想、行、識」等問題。這既與身體相關連，也包括身體狀況、頭腦狀態等健康的問題。其次，是「受」的問題，即對此有著何種的感受。就現代社會而言，那或許是「神經作用」、「精神壓力」，或者說是神經質的問題。對此有著何種的感受？對此是如何思考的？自己產生了地獄般的想法，還是天國般的想法？這些都屬於「想」的範疇。接下來，就是付諸於實際行動的「行」。最後是「識」，即對於自己的行動，要如何進行判斷。若是缺乏判斷能力的人，有時甚至會做出顛倒天國和地獄的判斷。

總而言之，對於持有肉體、乘坐著肉體之船，在進行今世靈魂修行的過程中所遭遇的種種事件，以肉體機能為中心而做出的判斷，這就是「色、受、想、行、識」。

當釋迦被問及「何謂魔」時，曾回答道：「魔，即是色、受、想、行、識。」也就是說，「那是持有肉體的自己，在度過肉體生活的過程中，基於如此生活而產生的迷惑」。

這種想法本身並沒有錯，可是在佛教學者當中，卻有人以此為根據，固執地認為：「所謂的魔，其實不過是個比喻而已。魔，原來是不存在的。那只是世人的迷惑、煩惱的作用、人心的汙垢，或者說是神經作用，是神經質的問題。那只是釋迦為了說明『如果不除去心中的迷惑，就無法開悟』，所採用的象徵性說法而已。諸如各種的魔女扮作天女突然出現，以及率領軍隊的惡魔突然出現，乘著戰車射出弓箭等等，全部都是戲劇化、神話般的比喻。總之，釋迦當年在菩提樹下進行禪定時，根本沒有出現乘坐戰車而來的一群惡魔，也沒有扮作天女施女色來阻礙釋迦獲得大悟的魔女。」

然而，我與二千六百年前大悟的釋迦有著幾乎一樣的體驗，所以在「降魔成道」以及「何謂魔」的問題上，我想我比佛教學者更為瞭解。

三、「己心之魔」與「惡魔」的存在

那麼，事實的真相到底是怎樣的？

從結論上來講，「真相體現於兩方面」。

其一是，基於「色、受、想、行、識」的肉體生活，心與肉體之間出現了不協調，所以才會導致惡魔突然出現的現象，這是事實。其二是在超越三次元世界的靈界當中，的確有著稱為「魔」的靈性存在，這兩方面的因素都是實際存在的。

這種持有主體意識而度過生活的人，因自身的原因將魔招引而來的現象，稱為「己心之魔」，即潛藏於自己心中的魔。

換言之，自己本身的心與肉體產生了不協調，繼而與魔相通的原因，實際存在於自己的心中。與此呼應，正如透過燭台映照一般，有一股勢力是從外部，即四次元的靈界（也可稱為地獄界）當中而來，這股勢力試圖增加迷惑，從而迷惑求悟者，並致使其發狂，這是我發現的事實。

當一般人在心中感到迷惑或痛苦時，就很容易被「不成佛」的亡靈、惡靈附身，而使此人的身體狀態更加惡化，或者是遍訪神社佛廟後，被狐狸等動物靈附身的等等，這類現象屢見不鮮。此外，對於潛心於佛道修行，以及立志要「開悟、成為宗教指導者」的人而言，則會出現與他們相對應的「惡魔」，這種現象也是實際存在的。

這些惡魔非常清楚自己要以誰為目標，從某種意義上來說，甚至比天上界的諸靈還要更清楚。天上界的諸靈是比較耐心地守護著世人，但從惡魔的角度看來，他們明白「若是此人開悟後，那將會不得了」。於是，他們就會趁此人開悟之前，千方百計地進行阻礙。

這就好比是太陽昇起之前的狀態，一旦太陽昇起，天下就會大亮，那些好似蟑螂一般，在黑暗中活動的惡魔也就無法現身了。然而惡魔不甘心只能躲在黑暗的角落裡，他們有著「要在光明來臨之前，想盡辦法阻止光明出現」的本能。

此外，這般的地獄惡魔或是惡靈的存在，實際也是一種生物。因此，他們必須要獲得某種的能源，才能持續地活動，而這種能量源，正是世間之人所持有的惡念。世間之人有著各種的惡念，譬如憎恨、憤怒、貪欲、牢騷、不平不滿等等，這些惡念，實際上正是他們的能量源、燃料。只要這種惡念源源不斷地供給，他們就能夠將其吸入體內，且變得愈發兇暴殘忍。

因此，當世間之人充滿了安穩、積極的光明時，惡念的供應源就會消失不見，而惡魔的力量也將日益減弱。

為了確保這種惡念的供給源，最好的方法就是使世間的每一個人煩惱不斷。為了使更多的人產生煩惱，惡魔千方百計地讓世人充滿煩惱，將周遭之人全部牽連進來，很有效率地向此人進攻。這便是惡魔常常潛入宗教指導者、軍事領袖以及政治領導者的心中，引起世間混亂的理由所在，這些都是事實。

四、惡魔的本質

當時釋迦在菩提樹下進行禪定，即將獲得大悟之際，受到了惡魔的洗禮。當然，在那之前的六年修行時間裡，惡魔也曾多次出現過。但那時，惡魔認為「喬答摩．悉達多離大悟之日還遙遙無期呢！他現在仍堅信透過折磨肉體的修行，即可獲得覺悟，所以還不要緊」，因而並沒有十分在意。然而沒過多久，釋迦就覺悟到了偉大的「中道」的真理。

當釋迦覺悟到「在苦行中，沒有真正的覺悟。此外，在昔日宮殿中的酒池肉林、歡歌樂舞、充滿物質的生活中，也不可能覺悟。只有始終不忘中道，即堅持精神上的磨練，不過分折磨肉體，保持適度的緊張感，並追求向上的道路上，才能夠獲得覺悟」的時候，惡魔方才感到「不好了！釋迦好像要獲得真正的大悟了」，於是便組織魔軍的勢力，試圖拼死阻撓釋迦大悟。

對於佛教經典中記載的這段話語，若用現代的話來說，即「魔王試圖變幻成各種美女的姿態，從而色誘釋迦。用性感妖嬈的女性幻象，或留在宮中的妻子們的容貌來誘惑釋迦，時而用妻子的面目說道：『你必須要回到皇宮啊！』當發現不管用時，又變成另一副絕世美女的姿態出現，試圖動之以情」。

總之，就是誘惑釋迦「這樣的佛道修行究竟有何益處？還不如回到往日的快樂生活中好呢！」魔界之人，實際上就是透過這般行為來進行誘惑的。那並非像觀看電影一樣讓釋迦看到，而是直接進行誘惑。當然，因為釋迦本人的心中也有著「己心之魔」，即殘留著些許迷惑「畢竟還是以往的生活好啊！即便是如此修行下去，也未必能獲得覺悟。如果是這樣，到時候該怎麼辦呢？」由於惡魔感應到了釋迦對妻小和父母，仍有著難以斬斷的親情，所以這樣的誘惑才得以成立。

然而，釋迦還是識破了這一點，並喝斥：「汝等其實是惡魔、魔王的爪牙吧！汝等不過是魔王的女兒們罷了！」

惡魔一旦被他人識破，就再也無從施展伎倆了，這即是惡魔的本質。在未被識破之前，還可以欺騙對方，用花言巧語誘騙他人，或是對他人低聲耳語。

所謂靈能者的住處，也常有各種的惡魔前來造訪。在未被識破之前，他們都非常親切，並耳語此人非常想要聽到的話語，對其進行誘惑。然後，煽起此人的種種欲望，使其支配欲逐漸膨脹，從而自由地操控此人。

如果此人能夠保持謙虛之心，不為誘惑所迷惑的話，在看破惡魔真面目的那個瞬間，他們就會原形畢露。方才還是靚麗的美女形象，但轉眼間就會變成嘴裂至耳、眼露魔光、青面獠牙的惡鬼樣子，讓人一目瞭然地知道「果不其然，那是魔女」。

於是，當魔王的計謀皆失策後，最後便親自出馬進行攻擊。對此，佛教經典中亦有著記載。

當時，百般刁難釋迦的惡魔，佛教經典中有記載，名字叫「惡魔波旬」，梵文是「mara papiyas」，有時也被稱為「papiyas mara」。並且，這樣的惡魔曾反覆出現過許多次，企圖阻礙釋迦成道。

五、避免惡魔附身的方法
——驗證自己的謙虛之心和實際成績

這樣的惡魔實際迷惑過不少的宗教修行者，所以持有一定程度的宗教知識，可以有模有樣地說出種種道理。因此，若是缺乏充分的智慧，是難以識破他們的。

不過，從我的經驗來講，無論他們再怎樣誘惑自己，只要保持冷靜，不要有傲慢之心，謙虛謹慎，並在知性上高出他們一籌，便能夠識破。

然而，他們也是非常狡猾的，只要人們稍微有點傲慢之心，就會被其鑽空隙，從而被其附身迷惑。宗教修行者中，很多人都帶著一定程度的禁欲思想，所以可乘之機比較少，最後，他們就瞄準了「名譽心」和「自我顯示欲」的部分。因為想要獲得覺悟的想法當中，難免還會隱藏著想要變得更偉大的心態。當這一點被惡魔盯住時，就很難逃避惡魔的侵入了。

因此，所謂「當覺悟程度越高或聽到的讚賞越多時，就越要保持謙虛，否則就會很危險」，講的正是這個道理。

此外，我始終對進行佛道修行的人強調「要注重實際成績」，用意也在於此。即要仔細地觀察自己的足跡，驗證「自己拯救過多少人？自己指導過多少人？自己達成了多少實際成績？」——對於自己如此的足跡，擁有時常進行客觀驗證的習慣，即為避免惡魔附身的重要方法。

倘若忘記了這一點，當自己出現些許靈性的感覺，或是與擁有靈感的人進行交往，被稱讚為「你是偉大的如來」、「你是菩薩」時，心中就會產生空隙，由此就會被惡魔乘隙而入。

佛弟子也有著一種傾向，那就是喜歡聽「你有著偉大的使命」，所以此處要特別留心。一旦有人指出「你抱持著偉大的使命」時，就很容易上當受騙，進而被惡魔附身。此時，若是開始聽到了靈的聲音，那就有可能會陷入更危險的狀態。

然而，真正偉大之人，必然會做出與之相應的實際成績。因此，一邊對自己的實際成績進行確認，一邊保持謙虛、不驕傲，以實際成績的七、八成來評價自己，一步一腳印地穩步前進是非常重要的。

六、戰勝一切惡魔的決定性武器——信仰心與精進

當年，釋迦在大悟之際遭遇了惡魔波旬的阻礙。今世，我本人也在大悟的前夕，實際體驗了與諸多惡魔對決的經歷。

其中，最早出現的，也是使我煩擾時間最長的，即是密教的惡魔，一個名為「覺鑁」的僧侶。

在弘法大師開創日本的真言宗當中，此人開創了真言宗新義派，被人稱為是「中興之祖」。此人擁有一定的靈性能力，但那實際是錯誤的靈性能力。儘管此人也持有法力，但他卻藉此造成了人們的痛苦、迷惑，總之他是一個追求

超能力的僧侶。而且在現代，這個惡魔還在日本創辦了兩個密教的新興宗教團體（A宗和S苑），有著強大的力量，也因此，我曾多次遭受到其攻擊。

緊接著出現的，是基督教中非常有名的惡魔，名為盧西菲爾（當其墮入地獄後，則改名為盧西弗）。

盧西弗是個重量級的存在，所以這個惡魔的特徵，就是不輕易露面，故而難以識破。因此，若僅僅是一個普通的靈能者，碰上這個惡魔就必然會受騙，他能夠十分逼真地，模仿光明天使進行講話。如果知識力量不夠，或傲慢自得的話，就很容易陷入惡魔的圈套。更可怕的是，這個惡魔能使人身體發熱，讓人誤認為有光進入體內，這是非常危險的地方。就好比是釣魚之時，就算有魚上鉤，盧西弗也絕不會讓魚鉤動彈一下。他就是這般徹頭徹尾的黑心惡魔，並且還有著設計長期計畫的傾向。

另一個曾與我進行過對決的大惡魔，是別西卜。他也是曾與耶穌於荒野決戰過四十四晝夜的惡魔。對此，《聖經》中也有記載。

與以上的這些惡魔對決過後，現在我可以得出的結論即是：這些惡魔在現實中確實是存在的。在即將成道之際，這些惡魔會前來阻撓，這也是事實。但是歸根究柢，與惡魔之間的較量，正是對於修行者本身的自覺力和意志力的考驗，這也是最終獲得覺悟、取得勝利的關鍵。

不管遇到怎樣的迷惑都不要動搖，要有決心和意志，並且堅忍不拔。關鍵是不可為世俗的價值觀、各式各樣的人們之甜言蜜語所動心，亦不可為世間的利益得失所牽絆，這是很重要的。雖然那眼所不見的世界，以及對於佛的信仰心，很容易被世俗的價值觀所動搖，但只要為了那眼所不見的世界，樹立起了堅定的信仰心，那麼，惡魔最終將無隙可乘。

此外，如果心中時常持有著煩惱的話，那也會成為被惡魔動搖的根源，所以必須要為消除每一個煩惱而做出具體的努力。因為世間的能力不足、努力不夠，或是工作尚未解決等問題，往往很容易變成惡魔的釣餌，所以各位在堅定地抱持著信仰心的同時，還必須耐心將內心的煩惱逐個消除，這一點是非常重要的。

總之，必須要有堅定的信仰心，並且積極地、開朗地、有建設性地度過生活。要掌握真理智慧，耐心地將所有的問題一一解決。此外，該進行決斷的時候，要果敢、不畏風險。此外，不要害怕他人的評價。對於正確的事情，要穩步地向前邁進。這種不退轉、不動心的姿態，即是戰勝惡魔的決定性武器。

惡魔是實際存在的。

以上，我用自己的親身經歷，向各位闡述了惡魔的存在。

但是，各位切不可過分地害怕惡魔，因為將惡魔招引而來的「己心之魔」，畢竟還存在於各位自己的心中。歸根究柢，自己本身的迷惑、執著、名譽心等等，才是招引惡魔而來的原因。因此，將這般的事物全部捨棄，持一切為「空」的觀法，並且進入佛道的人，是沒有惡魔入侵之餘地的。

在釋迦的教義當中，「空」的教義也占據著極其重要的地位。「空」不僅是通向覺悟之道，同時也是守護自己不被惡魔入侵的重要思想方式。若能時刻謹記「一切皆空」，並斬斷執著的話，惡魔便無機可乘。那就好比是一塊被研磨得閃閃發光的金塊。

若能堅定地抱持著如此心念，那麼即便惡魔如何的張牙舞爪，也只會像碰到岩石一般，對你無可奈何，惡魔的活動顯得那般地無力。換言之，對付惡魔的主導權，實際還是掌握在自己手中。

現實中確實存在著惡魔的活動，但各位須知道「自己並非無法戰勝惡魔」。信仰心、精進，就是擊退一切惡魔，讓各位在覺悟的道路上不斷獲得成功的方法。

後記

《沉默的佛陀》可稱為《覺悟的挑戰上卷、下卷》（幸福科學出版發行）的續篇。

如果說《覺悟的挑戰》是探究佛陀的真實教義，那麼《沉默的佛陀》的特徵，就是以修行論為中心展開論述。

我認為，本書不僅在內容上把握了基本的佛教問題，而且言盡了深奧之處。

透過將書中內容慢慢地變為自己的智慧，各位必會對佛教精神滲透於自己全身的神秘感而打動。

一九九三年　十一月

幸福科學集團創立者兼總裁　大川隆法

HAPPY SCIENCE

幸福科學集團介紹

幸福科學透過宗教、教育、政治、出版等活動，以實現地球烏托邦為目標。

幸福科學

一九八六年立宗。信仰的對象為地球靈團至高神「愛爾康大靈」。幸福科學信徒廣布於全世界一百多個國家，為實現「拯救全人類」之尊貴使命，實踐著「愛」、「覺悟」、「建設烏托邦」之教義，奮力傳道。

愛

幸福科學所稱之「愛」是指「施愛」。這與佛教的慈悲、佈施的精神相同。信眾透過傳遞佛法真理，為了讓更多的人們能度過幸福人生，努力推動著各種傳道活動。

覺悟

所謂「覺悟」，即是知道自己是佛子。藉由學習佛法真理、精神統一、磨練己心，在獲得智慧解決煩惱的同時，以達到天使、菩薩的境界為目標，齊備能拯救更多人們的力量。

建設烏托邦

我們人類帶著於世間建設理想世界之尊貴使命，而轉生於世間。為了止惡揚善，信眾積極參與著各種弘法活動。

入會介紹

在幸福科學當中，以大川隆法總裁所述說之佛法真理為基礎，學習並實踐著「如何才能變得幸福、如何才能讓他人幸福」。

入會

想試著學習佛法真理的朋友

若是相信並想要學習大川隆法總裁的教義之人，皆可成為幸福科學的會員。入會者可領受《入會版「正心法語」》。

三皈依誓願

想要加深信仰的朋友

想要做為佛弟子加深信仰之人，可在幸福科學各地支部接受皈依佛、法、僧三寶之「三皈依誓願儀式」。三皈依誓願者可領受《佛説・正心法語》、《祈願文①》、《祈願文②》、《向愛爾康大靈的祈禱》。

幸福科學於各地支部、據點每週皆舉行各種法話學習會、佛法真理講座、經典讀書會等活動，歡迎各地朋友前來參加，亦歡迎前來心靈諮詢。

台北支部精舍
台北市松山區敦化北路 155 巷 89 號

幸福科學台灣代表處
台北市松山區敦化北路 155 巷 89 號
02-2719-9377
taiwan@happy-science.org
FB：幸福科學台灣

幸福科學馬來西亞代表處
No 22A, Block 2, Jalil Link Jalan Jalil Jaya 2, Bukit Jalil 57000, Kuala Lumpur, Malaysia
+60-3-8998-7877
malaysia@happy-science.org
FB：Happy Science Malaysia

幸福科學新加坡代表處
477 Sims Avenue, #01-01, Singapore 387549
+65-6837-0777
singapore@happy-science.org
FB：Happy Science Singapore

國家圖書館出版品預行編目（CIP）資料

沉默的佛陀：佛陀教義的真髓／大川隆法作；幸福科學經典翻譯小組翻譯. -- 初版. -- 臺北市：台灣幸福科學出版，2021.09
272 面；14.8×21公分
譯自：沈黙の仏陀：ザ・シークレット・ドクトリン
ISBN 978-986-06528-4-0（平裝）

1. 佛教教理　2. 佛教修持

220.1　　110010321

沉默的佛陀　佛陀教義的真髓

沈黙の仏陀　ザ・シークレット・ドクトリン

作　　者／大川隆法
翻　　譯／幸福科學經典翻譯小組
封面設計／Lee
內文設計／顏麟驊

出版發行／台灣幸福科學出版有限公司
104-029 台北市中山區中山北路三段 49 號 7 樓之 4
電話／ 02-2586-3390　傳真／ 02-2595-4250
信箱／ info@irhpress.tw
法律顧問／第一法律事務所　余淑杏律師

總 經 銷／旭昇圖書有限公司
235-026 新北市中和區中山路二段 352 號 2 樓
電話／ 02-2245-1480　傳真／ 02-2245-1479

幸福科學華語圈各國聯絡處／
台　　灣　taiwan@happy-science.org
地址：台北市松山區敦化北路 155 巷 89 號（台灣代表處）
電話：02-2719-9377
官網：http://www.happysciencetw.org/zh-han
香　　港　hongkong@happy-science.org
新 加 坡　singapore@happy-science.org
馬來西亞　malaysia@happy-science.org
泰　　國　bangkok@happy-science.org
澳大利亞　sydney@happy-science.org

書　　號／978-986-06528-4-0
初　　版／2021 年 9 月
定　　價／380 元

廣告回信	
台北郵局登記證	
台北廣字第5433號	
平信	

IRH Press Taiwan Co., Ltd.
台灣幸福科學出版有限公司

104-029 台北市中山區中山北路三段49號7樓之4
台灣幸福科學出版 編輯部 收

請沿此線撕下對折後寄回或傳真，謝謝您寶貴的意見！

沉默的佛陀

大川隆法 Ryuho Okawa

台灣幸福科學出版有限公司

沉默的佛陀
讀者專用回函

非常感謝您購買《沉默的佛陀》一書，
敬請回答下列問題，我們將不定期舉辦抽獎，
中獎者將致贈本公司出版的書籍刊物等禮物！

讀者個人資料　※本個資僅供公司內部讀者資料建檔使用，敬請放心。

1. 姓名：　　　性別：□男　□女
2. 出生年月日：西元　　年　　月　　日
3. 聯絡電話：
4. 電子信箱：
5. 通訊地址：□□□-□□
6. 學歷：□國小 □國中 □高中／職 □五專 □二／四技 □大學 □研究所 □其他
7. 職業：□學生 □軍 □公 □教 □工 □商 □自由業□資訊 □服務 □傳播 □出版 □金融 □其他
8. 您所購書的地點及店名：
9. 是否願意收到新書資訊：□願意　□不願意

購書資訊：

1. 您從何處得知本書的訊息：（可複選）□網路書店　□逛書局時看到新書　□雜誌介紹　□廣告宣傳　□親友推薦　□幸福科學的其他出版品　□其他
2. 購買本書的原因：（可複選）□喜歡本書的主題　□喜歡封面及簡介　□廣告宣傳　□親友推薦　□是作者的忠實讀者　□其他
3. 本書售價：□很貴　□合理　□便宜　□其他
4. 本書內容：□豐富　□普通　□還需加強　□其他
5. 對本書的建議及觀後感
6. 您對本公司的期望、建議…等等，都請寫下來。

IRH Press Taiwan Co., Ltd.
台灣幸福科學出版有限公司